プリント形式のリアル過去問で本番の臨場感！

福岡県

福岡県立中高一貫校

（育徳館・門司学園・宗像・嘉穂高校附属・輝翔館）

2025年春受験用

解答集

本書は，実物をなるべくそのままに，プリント形式で年度ごとに収録しています。
問題用紙を教科別に分けて使うことができるので，本番さながらの演習ができます。

■ 収録内容

・解答集（この冊子です）

書籍ＩＤ番号，この問題集の使い方，最新年度実物データ，リアル過去問の活用，
解答例と解説，ご使用にあたってのお願い・ご注意，お問い合わせ

・2024（令和６）年度 ～ 2015（平成27）年度　学力検査問題

○は収録あり

年度	'24	'23	'22	'21	'20	'19
■ 問題（適性Ⅰ，適性Ⅱ・作文）※	○	○	○	○	○	○
■ 解答用紙（書き込み式）	○	○	○	○	○	○
■ 配点						

上記に2018～2015年度を加えた10年分を収録しています

全分野に解説があります

※2023年度より適性検査の一部が「適性検査Ⅰ」，適性検査の一部と作文が「適性検査Ⅱ・作文」となりました（2022年度以前は「適性検査」と「作文」）

☆問題文の非掲載はありません

教英出版

■　書籍ＩＤ番号

入試に役立つダウンロード付録や学校情報などを随時更新して掲載しています。
教英出版ウェブサイトの「ご購入者様のページ」画面で，書籍ＩＤ番号を入力してご利用ください。

書籍ＩＤ番号　102240

（有効期限：2025年9月30日まで）

【入試に役立つダウンロード付録】
「要点のまとめ(国語／算数)」
「課題作文演習」ほか

■　この問題集の使い方

年度ごとにプリント形式で収録しています。針を外して教科ごとに分けて使用します。①片側，②中央のどちらかでとじてありますので，下図を参考に，問題用紙と解答用紙に分けて準備をしましょう（解答用紙がない場合もあります)。

針を外すときは，けがをしないように十分注意してください。また，針を外すと紛失しやすくなりますので気をつけましょう。

① 片側でとじてあるもの

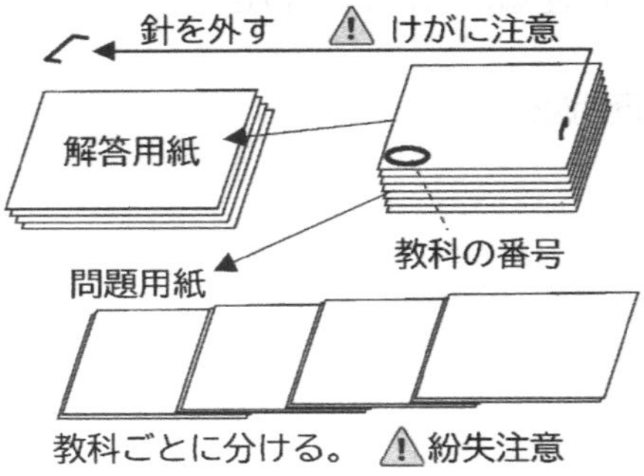

② 中央でとじてあるもの

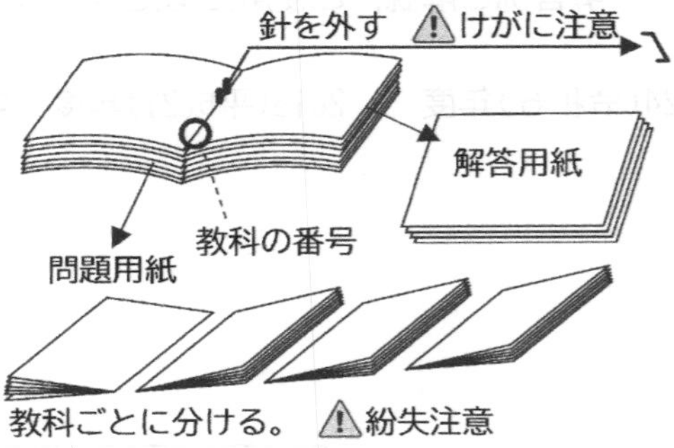

※教科数が上図と異なる場合があります。
解答用紙がない場合や，問題と一体になっている場合があります。
教科の番号は，教科ごとに分けるときの参考にしてください。

■　最新年度 実物データ

実物をなるべくそのままに編集していますが，収録の都合上，実際の試験問題とは異なる場合があります。実物のサイズ，様式は右表で確認してください。

問題用紙	Ａ４見開き(書込み式)
解答用紙	

リアル過去問の活用

～リアル過去問なら入試本番で力を発揮することができる～

本番を体験しよう！

問題用紙の形式（縦向き／横向き），問題の配置や余白など，実物に近い紙面構成なので本番の臨場感が味わえます。まずはパラパラとめくって眺めてみてください。「これが志望校の入試問題なんだ！」と思えば入試に向けて気持ちが高まることでしょう。

入試を知ろう！

同じ教科の過去数年分の問題紙面を並べて，見比べてみましょう。

① 問題の量

毎年同じ大問数か，年によって違うのか，また全体の問題量はどのくらいか知っておきましょう。どのくらいのスピードで解けば時間内に終わるのか，大問ひとつにかけられる時間を計算してみましょう。

② 出題分野

よく出題されている分野とそうでない分野を見つけましょう。同じような問題が過去にも出題されていることに気がつくはずです。

③ 出題順序

得意な分野が毎年同じ大問番号で出題されていると分かれば，本番で取りこぼさないように先回りして解答することができるでしょう。

④ 解答方法

記述式か選択式か（マークシートか），見ておきましょう。記述式なら，単位まで書く必要があるかどうか，文字数はどのくらいかなど，細かいところまでチェックしておきましょう。計算過程を書く必要があるかどうかも重要です。

⑤ 問題の難易度

必ず正解したい基本問題，条件や指示の読み間違いといったケアレスミスに気をつけたい問題，後回しにしたほうがいい問題などをチェックしておきましょう。

問題を解こう！

志望校の入試傾向をつかんだら，問題を何度も解いていきましょう。ほかにも問題文の独特な言いまわしや，その学校独自の答え方を発見できることもあるでしょう。オリンピックや環境問題など，話題になった出来事を毎年出題する学校だと分かれば，日頃のニュースの見かたも変わってきます。

こうして志望校の入試傾向を知り対策を立てることこそが，過去問を解く最大の理由なのです。

実力を知ろう！

過去問を解くにあたって，得点はそれほど重要ではありません。大切なのは，志望校の過去問演習を通して，苦手な教科，苦手な分野を知ることです。苦手な教科，分野が分かったら，教科書や参考書に戻って重点的に学習する時間をつくりましょう。今の自分の実力を知れば，入試本番までの勉強の道すじが見えてきます。

試験に慣れよう！

入試では時間配分も重要です。本番で時間が足りなくなってあわてないように，リアル過去問で実戦演習をして，時間配分や出題パターンに慣れておきましょう。教科ごとに気持ちを切り替える練習もしておきましょう。

心を整えよう！

入試は誰でも緊張するものです。入試前日になったら，演習をやり尽くしたリアル過去問の表紙を眺めてみましょう。問題の内容を見る必要はもうありません。どんな形式だったかな？受験番号や氏名はどこに書くのかな？…ほんの少し見ておくだけでも，志望校の入試に向けて心の準備が整うことでしょう。

そして入試本番では，見慣れた問題紙面が緊張した心を落ち着かせてくれるはずです。

※まれに入試形式を変更する学校もありますが，条件はほかの受験生も同じです。心を整えてあせらずに問題に取りかかりましょう。

福岡県立中高一貫校　2024 令和6年度　適性検査Ⅰ

《解答例》

1　問１．あたためられたときの水と空気の体積の変化は，空気より水の方が小さいから，水の量を増やすとストロー内の水面が上がる幅は小さくなるよ。

問２．支点…C　方法…ウ　理由…支点から作用点までのきょりが短い方が，作用点ではたらく力が大きくなるから。

2　問１右表　　問２(1)６　(2)右図

【地域発見フィールドワーク計画書】			
回る順番	場所	場所で過ごす時間	次の場所への出発時刻
	駅前公園		9：00
1	農園	45　分間	9：51
2	歴史博物館	40　分間	10：36
3	お城	48　分間	11：32
4	木工所	60　分間	12：37
	みんなの森		

《解　説》

1　**問１**　図１の※の文より，温度によるびんの中の水と空気の体積の変化を小さくすると，ストロー内の水面の位置の変化を小さくすることができるとわかる。より大きな温度変化がわかるようにするためには，水面が上がる幅《はば》を小さくすればよいので，温度による体積の変化がより小さい水の量を増やせばよい。

問２　Aが力点，Bが作用点，Cが支点である。このように力点と支点の間に作用点があるてこでは，力点で加えた力が作用点でより大きくなってはたらく。作用点ではたらく力の大きさを変えずに力点で加える力をより小さくするためには，支点から力点までのきょりを長く，支点から作用点までのきょりを短くすればよい。

2　**問１**　時間は全部で，12時45分－９時＝３時間45分＝(３×60＋45)分＝225分ある。また，お城以外の４つの体験活動の時間の合計は，45＋45＋40＋60＝190(分)だから，体験しない活動の時間を190分から引けば，お城以外の３つの体験活動の時間の合計を求めやすい。５つの体験活動場所のうち，どこに行かないかで場合分けをして考える。

①農園に行かない場合，お城以外の体験活動の時間の合計は，190－45＝145(分)である。

最初に魚市場に回るならば，移動時間の合計が最短になる回り方は「駅前公園→魚市場→木工所→お城→歴史博物館→みんなの森」で，その時間は10＋５＋５＋８＋10＝38(分)となる。

最初に歴史博物館に回るならば，移動時間の合計が最短になる回り方は「駅前公園→歴史博物館→お城→魚市場→木工所→みんなの森」で，その時間は６＋５＋８＋７＋５＋８＝39(分)となる。

最初に魚市場に回った方が早く，そうするとお城で過ごす時間は，225－(145＋38)＝42(分)となる。

②歴史博物館に行かない場合，お城以外の体験活動の時間の合計は，190－40＝150(分)である。

最初に魚市場に回るならば，移動時間の合計が最短になる回り方は「駅前公園→魚市場→木工所→お城→農園→みんなの森」で，その時間は10＋５＋５＋５＋５＋10＝40(分)となる。

最初に農園に回るならば，移動時間の合計が最短になる回り方は「駅前公園→農園→お城→魚市場→木工所→みんなの森」で，その時間は６＋５＋７＋５＋８＝31(分)となる。

最初に農園に回った方が早く，そうするとお城で過ごす時間は，225－(150＋31)＝44(分)となる。

③魚市場に行かない場合，お城以外の体験活動の時間の合計は，190－45＝145(分)である。

移動時間の合計が最短になる回り方は「駅前公園→農園→歴史博物館→お城→木工所→みんなの森」で，その時間は６＋５＋８＋５＋８＝32(分)となる。したがって，お城で過ごす時間は，225－(145＋32)＝48(分)となる。
①～③のうち，お城で過ごす時間が最も長くなるのは③であり，【地域発見フィールドワーク計画書】は解答例のようになる。

問２(1)　図２の大きい正六角形を，右図のように合同な４×６＝24(個)の正三角形に分けて考える。正三角形１個の面積を１とすると，アの正三角形の面積は１，イのひし形の面積は２である。アとイをさらにしきつめていく部分の面積は，３×６＝18であり，アとイの枚数が同じだとアとイの面積の比は１：２になるから，アの面積を$18\times\frac{1}{1+2}=6$，イの面積を$6\times 2=12$とすればよい。よって，アとイを６枚ずつしきつめればよい。

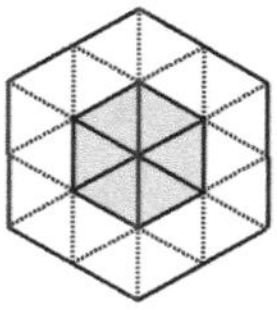

(2)　この図形の場合，点対称な模様とするためには，右図の直線ℓについても直線mについても線対称な模様にすればよい。

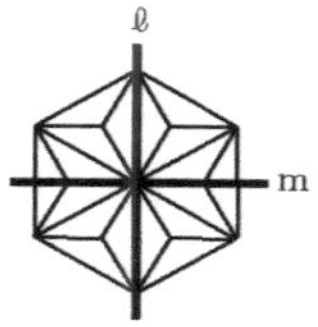

《解答例》

3　問1．⑴賞味期限までの期間が短い商品を選んでもらうことで、賞味期限を過ぎてお店で捨てられる商品が減るから、食品ロスを減らす効果があるんだね。　⑵二〇二〇年度から二〇二一年度の一年間で減った量は三万トンだから、同じ量ずつ減っていくとすると、二〇二〇年度から二〇三〇年度の十年間で三十万トン減ることになる。そうすると、二〇三〇年度は二百十七万トンになるからだよ。

問2．私は、地球のかん境を守り、食料危機に対応するために、食品ロスを減らしていくことが大切だと思う。捨てられた食品がごみとして運ぱんされたり焼きゃくされたりする際に二酸化炭素がはい出され、焼きゃく後の灰もかん境の負担になる。また、と上国には栄養不足で苦しんでいる人が多くいるのに、先進国では食品ロスが多いという現実がある。今後さらに世界の人口が増加することが予想されるが、現状のままでは、栄養不足で苦しむ人がますます増えてしまう。だから、食品ロスを減らしていかなければならないと考える。私は食品ロスを減らすために、食べ残しをしない取り組みをしたい。具体的には、好ききらいをなくして全部食べるようにすること、間食を減らして食事を残さないようにすることを実行したい。また、家の食事で気を付けるだけでなく、外食やテイクアウトの時にも、食べきれる分だけ注文するようにしたい。

《解　説》

3　問1⑴　『てまえどり』をする（商品棚《だな》の手前にある商品を取る）とどうなるのか，〔資料２〕と〔資料３〕を合わせて考えよう。〔資料３〕を見ると，商品棚の手前の方には「賞味期限までの期間が短い」商品が置かれていることがわかる。〔資料２〕には，「賞味期限を過ぎた商品は～捨てることにしているお店が多い」と書かれている。これらの内容から，賞味期限までの期間が短い商品を選んでもらうとお店で捨てられる商品が減る，つまり食品ロスが減るということが読みとれる。　⑵　木山さんの発言の中で二〇二〇年度と二〇二一年度を比べているので，そこでの減少をもとに説明すればよい。

《解答例》

1　問1．空気が冷やされたから，空気中の水蒸気が水てきに変化して白い煙のように見えたのね。

問2．選んだ笛…ア，ウ　理由…空気の出口がない部分の長さと音の高さの関係について調べるときは，長さ以外の条件が同じもので比べる必要があるから。

2　問1．求め方…掲示用の棒の長さは 6.34m＝634 cmだから，634÷109.1＝５余り 88.5 より，必要な模造紙の枚数は６枚で，重なりのはばの合計は 109.1×６－634＝20.6(cm)以上になればよい。重なりの数は６－１＝５だから，重なりのはばは 20.6÷５＝4.12(cm)より長い，4.2 cmである。　枚数…６　重なりのはば…4.2

問2．

《解　説》

1　**問1**　空気が冷やされると，空気中にふくむことができる水蒸気の量が少なくなるので，空気中の水蒸気が水てきに変化して，白い煙のように見える。寒い日に，窓の内側に水てきがついてくもるのも，窓の近くの空気が冷やされて，水蒸気が水てきに変化するからである。

問2　ある条件について調べるときは，その条件以外が同じ２つの実験の結果を比べる。ここでは，空気の出口がない部分の長さと音の高さの関係について調べたいので，直径が同じアとウを比べる。なお，直径と音の高さの関係について調べたいときは，長さが同じアとイ，またはウとエを比べる。

2　**問1**　できるだけ少ない枚数で作るから，横の長さが 109.1 cmの模造紙《もぞうし》を何枚か横に並べて，はじめて 6.34m＝634 cmをこえるときの枚数が，必要な模造紙の枚数となる。重なりの数は(模造紙の枚数)－１であることから，解答例のように重なりのはばを求めることができる。題字の紙がはみ出さないようにするので，掲示用の棒と同じ長さになるときの重なりのはばよりも長くすることに注意する(短くすると題字の紙がはみ出る)。

問2　図４の図形の面積は，もとの正方形の面積の半分である。また，２つに折るときは図Ⅰの太線のように縦(または横)に折るときと図Ⅱの太線のようにななめに折る場合があるので，それぞれの場合について考えると，解答例のような５通りができる。

図Ⅰ

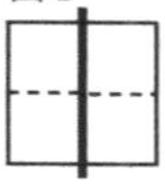

図Ⅱ

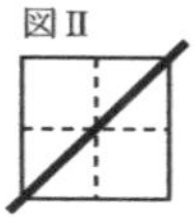

《解答例》

3　問１．⑴A町の人口は増えつづけているのに、一般廃棄物の総排出量は変わっていないので、町民一人あたりの排出量は減っているといえるからだよ。　⑵水分を多くふくんでいるから、生ごみは重くて、燃やすのに時間がかかるんだね。だから、水切りをすれば、燃料の使用量を減らすことができるんだね。　問２．（例文）私は、友達のことをもっと知るためのくふうについて学級会で話し合った時、学級新聞に全員が順番に記事を書くコーナーを作ることを提案しました。なぜなら、学校の休み時間だけでは、話をする人が限られてしまったり、話し足りなかったりするからです。学級新聞にクラスメートのつぶやきというコーナーを作って、自分が今関心を持っていること、好きなこと、考えていることなどを自由に書くことを提案し、実際に取り組むことになりました。その結果、おたがいに知らなかった一面を知ることができたり、記事の内容をきっかけに交流が広がったりしました。私はこの経験から、学級新聞という、すでにある物を生かしてくふうをすることで、クラスをより良くすることができるのだと学びました。このことを生かして、中学校でも、何かの課題を解決しようとする時に、まずは今ある物やシステムにくふうをすることでより良くできないかを考えるようにしたいと思います。

《解　説》

3　問１⑴　資料１を見ると，A町の一般廃棄物の総排出量はほとんど変化がないので，山本さんは「成果はあまり見られなかった」と考えている。しかし，資料２を見るとA町の人口は増え続けていて，もし町民一人あたりのごみの量に変化がなければ，A町の総排出量も増えているはずである。A町の総排出量が変わらないのは，町民一人あたりの排出量が減っているためであると考えることができる。

⑵　資料４より，生ごみの重さの原因は水分によるところが大きく，資料５より，ろ紙は水分を多くふくむほど燃えつきるのに時間がかかることがわかる。これらのことから，生ごみは水切りをすることで軽くなり，燃えやすくなるので，運ぱんや焼却《しょうきゃく》に必要な燃料を減らすことができると考えられる。

《解答例》

1　問1．【向き】㋐　【理由】太陽は東の地平線からのぼり，南の空で最も高くなって，西の地平線へしずむ。太陽が東から南まで動くのにかかる時間と，南から西まで動くのにかかる時間はほぼ等しいから，右側と左側のそれぞれの稲に日光が当たっている時間の差が小さくなる。　問2．わらをしくことで，夏の昼間は日光が土に直接当たりにくくなるから土の温度が上がりにくくなって，冬の夜は熱が外に出ていきにくくなるから土の温度が下がりにくくなるんだね。

2　問1．【何をどの店で買うか】ウインナー2ふくろ…A　ミートボール3ふくろ…C　たまご1パック…A　【合計の代金】720　問2．(1)16　(2)あるコースの半円部分の直径を□mとすると，半円の周りの長さは，$\square \times 3.14 \times \frac{1}{2}$(m)と表せる。コースが1つ外になると，半円の直径は□＋1＋1＝□＋2(m)になるから，周りの長さは，$(\square + 2) \times 3.14 \times \frac{1}{2} = \square \times 3.14 \times \frac{1}{2} + 2 \times 3.14 \times \frac{1}{2} = \square \times 3.14 \times \frac{1}{2} + 3.14$(m)と表せる。よって，コースが1つ外になるごとに，半円の周りの長さは$\square \times 3.14 \times \frac{1}{2} + 3.14 - \square \times 3.14 \times \frac{1}{2} = 3.14$(m)ずつ増える。

3　問1．利用時間の合計が 120×36＝4320(分)以上なら平均利用時間が2時間以上になるので，利用時間が2時間以上の人たちの利用時間の合計が大きければ，そういうこともありえるよ。　問2．【番号】②　【伝えること】ショッキングな見出しにひきつけられた時は，すぐにうのみにせず，発信元を確認し，新聞社やテレビ局などが出した情報と照合しましょう。　【番号】⑥　【伝えること】ゲームをしたり動画を見たりしていると時間を忘れてしまうので，1日あたりの使用時間と，使用をやめる時刻を，家族で話し合って決めましょう。

《解　説》

1　**問1**　太陽は東の地平線からのぼり，南の空で最も高くなって，西の地平線へしずむから，棒の向きを㋐にすると，日の出から正午までは東側の稲に日光がよく当たり，正午から日の入りまでは西側の稲に日光がよく当たる。これに対し，棒の向きを㋑にすると，南側の稲には日光が一日中よく当たるが，北側の稲には日光が一日中ほとんど当たらない。

問2　夏のぼうしは，日光が頭に直接当たることを防いでいて，冬の手ぶくろは，熱が外に出ていくことを防いでいる。祖母は，わらがこれらと同じやくわりをしていると言っている。

2　**問1**　それぞれのお店の，ウインナー2ふくろ，ミートボール3ふくろ，たまご1パックにかかる代金を求める。

C店のたまごの代金は他の買った商品によって変わるので，注意する。

ウインナー2ふくろの代金は，A店が360円，B店が200×(1－0.1)×2＝360(円)，C店が205×2＝410(円)

ミートボール3ふくろの代金は，A店が250円，B店が100×(1－0.1)×3＝270(円)，C店が100×(1－0.2)×3＝240(円)

たまご1パックの代金は，A店が120円，B店が160×(1－0.1)＝144(円)，C店が200円または200÷2＝100(円)

よって，ウインナーはA店かB店，ミートボールはC店で買うのが最も安い。

たまごは，C店でウインナーを買った場合はC店で買うときが100円で最も安くなる(ミートボールは300円より安いのでクーポンが使えない)が，C店でウインナーを買うと，A店またはB店で買う場合より410－360＝50(円)高くなる。A店とC店(クーポンを使ったとき)のたまご1パックの代金の差は120－100＝20(円)だから，C店でウインナーとたまごを買うよりも，A店かB店でウインナー，A店でたまごを買うほうが安くなる。
回る店の数が最も少なくてすむのは，ウインナーをA店，ミートボールをC店，たまごをA店で買うときで，
このときの合計の代金は，360＋240＋120＝720(円)

問２⑴　１度に最大人数である４人ずつで走るとすると，61÷４＝15余り１より，４人で15回走り，最後に１人が走ることになるので，ゴールテープは最も少なくて15＋１＝16(回)準備する。

⑵　半円の周りの長さは，半円の曲線部分と直径を合わせた長さのことを言うが，この問題では走る部分の長さのことを半円の周りの長さと表現しているので，曲線部分のみについて考えればよい。
(半円の曲線部分)＝(直径)×3.14×$\frac{1}{2}$で求められる。

3　**問１**　(平均)＝(合計)÷(人数)なので，合計が大きくなれば，平均も大きくなる。調査した36人の中で，利用時間が極端《きょくたん》に大きい人がいれば，その分平均利用時間も大きくなる。

問２　上田さんの言う「２つの項目《こうもく》」とは何かを，小森さんと坂本さんの発言を元に特定する。小森さんは，学級の利用実態調査の項目のうち，「できていない人の方が多い項目について，よりよい使い方を伝えるのはどうかな」と言っている。この「できていない人の方が多い項目」の番号は，「いいえ」と答えた人の方が多い②③⑥である。また，坂本さんは「その項目の中でも，家族の心配の内容と重なっているものが２つあるよ」と言っている。②③⑥のうち，〔資料２〕の内容と重なっているのは，②と⑥である。

《解答例》

問一．（例文）

私は「適度な運動をすること」に取り組まなければならないと考えます。なぜなら、新型コロナウイルスの感せん拡大のえいきょうで、運動量が減っているからです。運動をしないと、おなかがすかなかったり、体がかたくなってけがをしやすくなったりします。また、友だちとのコミュニケーションや、気持ちをすっきりさせる機会が減ってしまったと感じています。そこで、少ない人数でも楽しく体を動かせる遊びや、家の中でもできる運動を、インターネットで検さくし、実際にやってみました。簡単にできることが多く、楽しみながら適度な運動をすることができました。この取り組みを続けて、体と心を健康に保ちたいと思います。

問二．（例文）

「みんなが安心して過ごせる学級」とは、ちがいを認め合うことができる学級だと考えます。なぜなら、ちがいを認め合えない空気の中では、自分だけちがったらいけないと思ったり、ちがうことやできないことをはずかしいと感じたりして、気持ちが縮こまってしまうからです。いろいろな個性や能力を持つ人が集まっているのに、一つの価値観で決めつけてしまうのはもったいないことです。私ができることは、ちがう意見を言いやすいような話し方をすることと、ちがいをなくすのではなく生かす方向で考えることです。一人一人の良さを認め合い、考えを尊重し合える学級ならば、だれもがそこに居場所を見つけ、安心して過ごせると思います。

《解答例》

1 問1．みそ汁の実…ねぎ／しいたけ　理由…ねぎとしいたけは，食品の３つのグループの中で使われていない残りの１つのグループの食品であり，体の調子を整えるもとになるから。

問２．①ゆっくりと黄身に伝わっていくってことね。　②65度くらいのお湯の中に卵を入れると，黄身は少しずつ固まるけど，白身はあまり固まらないのね。だから，その状態で20分以上以上温め続けると，黄身よりも白身の方がやわらかい温泉卵ができるのね。

2 問１．使う資料…ウ　説明…20歳代の観光客数がわかれば，資料１を使って，観光客数全体を求め，その値と資料２を使って，宿泊者数を求めることができるからだよ。

問２．(例文)貸し自転車と御朱印帳と食事がセットになったチケットを売り，自転車で寺院めぐりをして，サイクリングや食事を楽しんでもらう。御朱印帳はおみやげ屋さんで用意してもらう。春秋のサイクリングに適した時期に，桜やもみじが多く，寺院も多いことから，広い範囲に若者が訪れることができる。

3 問１．(1)160　(2)クリームがついた面の面積…163.28　求め方…円柱のケーキは半径が20÷２＝10(cm)，高さが８cmである。よって，ケーキ全体のクリームがついた面の面積は，10×10×3.14＋(20×3.14)×８＝260×3.14(㎠)だから，１人分のクリームがついた面の面積は，(260×3.14)÷５＝163.28(㎠)

問２．図…

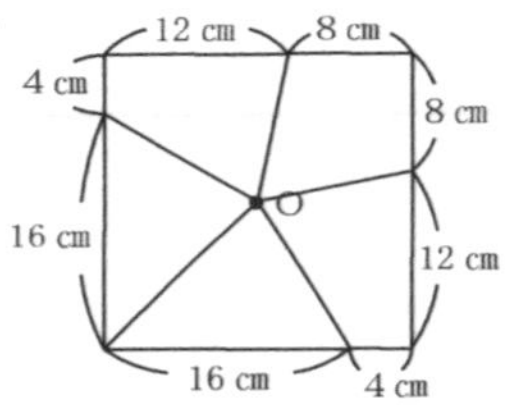

説明…右図のように，切り分けた四角形をさらに三角形に分ける。できた三角形はすべて，クリームがついた側面の横の長さを底辺とすると，高さが20÷２＝10(cm)となる。よって，底辺の長さの和が等しければ面積が等しくなり，底辺の長さの和はどれも16cmになるので，切り分けたケーキの上の面の面積はすべて等しくなる。

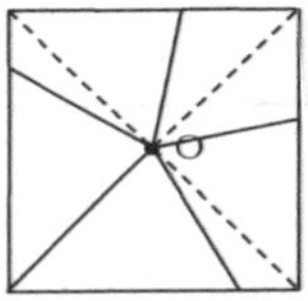

《解　説》

1 **問１**　食品の３つのグループは，赤，黄，緑の３色で分類できる。赤は，体をつくるもとになる食品(タンパク質やカルシウムを多くふくむ食品)，黄は，エネルギーのもとになる食品(炭水化物や脂質《ししつ》を多くふくむ食品)，緑は，おもに体の調子を整えるもとになる食品(ビタミン，ミネラル，食物せんいを多くふくむ食品)である。とうふ，みそ，ソーセージは体をつくるもとになる赤の食品，ご飯はエネルギーのもとになる黄の食品だから，おもに体の調子を整えるもとになる緑の食品(ねぎ，しいたけ)を選ぶ。

問２①　直前のさとこさん，しんいちさんの発言から，ふっとうし，およそ100度になったお湯の熱によって，黄身が時間の経過とともに少しずつ固まっていくことがわかる。　**②**　直前のさとこさんの発言から，65度くらいの温度で20分以上温め続けることで，温泉卵ができる理由を答えよう。

2 **問１**　ウの資料と資料１を使って，(観光客数全体)＝$\frac{(\text{20歳代の観光客数})}{(\text{20歳代の観光客の割合})}$×100を求めることができる。それを踏まえて資料２を使えば，(宿泊者数)＝(観光客数全体)×$\frac{(\text{宿泊の割合})}{100}$を求めることができる。

問２　「取り組みの内容」については，資料５の観光地図の道路沿いに寺院(卍)が数多く点在していることを，商店街の貸し自転車屋とおみやげ屋と関連付ければ，御朱印を集めるための寺院めぐりができると導きだせる。

「取り組みのよさ」については，春には梅や桜や菜の花などの花見，秋にはもみじ狩りなどを楽しむ若者を増やせると導きだせる。解答例のほか，貸し自転車屋や写真屋と協力して，遺跡・史跡(∴)などを巡り，風景写真を撮る催しを開くといった取り組みを考えてもよい。

3 **問1(1)** アとイの直方体を比べると，クリームがついた面は，イの方がアより8cm×20cmの面1つ分だけ多いことがわかる。よって，求める面積の差は，8×20＝160(cm²)である。

(2) クリームのついた面も5等分できているので，(ケーキ全体のクリームのついた面の面積)÷5で求めればよい。円柱の展開図において側面は長方形になるので，円柱の側面積は，(底面の円周)×(高さ)で求めることができる。

問2 上の面の周りの長さは20×4＝80(cm)だから，左下の頂点から切り分け始めて，クリームがついた側面の横の長さが，すべて80÷5＝16(cm)になるように切り分ける線を入れると，解答例のようになる。
図は解答例以外でも，クリームがついた側面の横の長さがすべて16cmになっていれば，どのように切り分けてもよい。解答例の説明について，例えば，実際に解答例で切り分けた図形のうち，右下の図形の面積を求めると，4×10÷2＋12×10÷2＝(4＋12)×10÷2＝16×10÷2＝80(cm²)となる。これは底面積の$\frac{80}{20\times 20}=\frac{1}{5}$である。

★福岡県立中高一貫校　2021 令和3年度　作文

《解答例》

問一．(例文)

私が給食のスープをこぼしてしまったとき、先生は、私がやけどをしていないか確認しながら、「だれかゆかをぞうきんでふいてください。」と言った。すると、何人かの友だちがぞうきんを持ってきて、ふくのを手伝ってくれた。おどろいたことに、Aくんだけは、新しくスープをよそって持って来てくれた。Aくんはだれにも言われていないのに、私のために自分が何をすべきか考えて行動してくれたのだと思った。私も、Aくんのような行動がとれるようになりたいと思った。

問二．(例文)

私は、創造する力を身につけるために、読書に取り組もうと思う。以前読んだ本には、人間が新しいものをつくり出す際には、必ず土台となる技術や知識があり、それらを組み合わせたり、一部を変えたりすることで、新しいものを生み出していると書かれていた。テレビやパソコンが発明された時、そこにはもとになる技術があった。また、多くの科学者の新発見にも、土台となる知識があったはずである。そうだとすれば、創造する力を身につけるためには、まず土台となる知識を増やす必要がある。こうした知識を増やすために、たくさんの本を読もうと思う。

《解答例》

1　問１．方位…南　順序…イ→ウ→ア　理由…アとイでかげが左右にできているから，南か北から撮った写真だと分かる。また，ウでは作品に光が当たっている面積が光の当たっていない面積より大きいから，南から撮った写真だと分かる。したがって，かげが左にできているイは太陽が東にある朝10時ごろ，かげが左右にのびていないウは太陽が南にある正午ごろ，かげが右にできているアは太陽が西にある15時半ごろに撮った写真である。

問２．お兄さんが照明をつけたときの回路の図…右図　説明…１階と２階のどちらでスイッチを操作しても，操作の前後で豆電球に電流が流れる状態と流れない状態を必ず切りかえることができるから。

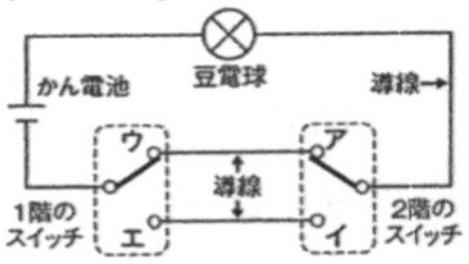

2　問１．80%以上という割合は，２の質問に答えた人を 100%とした割合であり，２の質問には，１の質問で「はい」と答えた人しか答えてないからだよ。　　問２．地震から身を守るためには，地域の人と助け合うことが大切です。日ごろから地域の人たちと交流し，つながりを作っておくことが，防災につながります。その第一歩として，積極的にあいさつすることから始めましょう。

3　問１．各教室…３　ろう下…４　校外…５　説明…１つのグループの人数は最大でも 12－３×２＝６(人)となるよ。はるポスターの枚数の約数のうち３以上６以下の数は，各教室が３と６，ろう下が４，校外が３と５と６で，和が12となる組み合わせは各教室３人，ろう下４人，校外５人だけだよ。

問２．植えることができる球根の最大の個数…143

説明…10以上15以下の整数のうち120の約数が▲で10，12，15のどれか，210の約数が■で10，14，15のどれかである。球根のたての個数は，120÷10－１＝11(個)，120÷12－１＝９(個)，120÷15－１＝７(個)のどれか，球根の横の個数は，210÷10－１＝20(個)，210÷14－１＝14(個)，210÷15－１＝13(個)のどれかである。

(たての個数)×(横の個数)が150以下で最も大きくなる組み合わせを探す。

11×14＝154，11×13＝143，９×20＝180，９×14＝126，７×20＝140より，条件に合うのは143個である。

《解　説》

1　問１　かげは太陽と反対方向にできる(図Ⅰ)。また，太陽は東の地平線からのぼり，南の空で最も高くなり，西の地平線にしずんでいくので，朝10時ごろのかげは西向きに，正午ごろのかげは北向きに，15時半ごろのかげは東向きにできる。図１のアとイの２つで，かげが左右にできていることから，作品の南か北から撮《と》ったものだと考えられる(アとイはそれぞれ，朝10時ごろか15時半ごろのどちらかに撮ったものである)。さらに，ウで，見えている面の半分以上に光が当たっているから，南から撮ったものだと考えられる(図Ⅱ)。南から(北にある)作品を見たとき，かげが右(東)にできているアが15時半ごろ，かげが左(西)にできているイが朝10時ごろに撮ったものである。なお，アとイについて，朝10時ごろは15時半ごろより正午に近いから，太陽の高さが高く，かげの長さが短くなると考えて，イが朝10時ごろに撮った写真と判断することもできる。

図Ⅰ〈南から見た場合〉

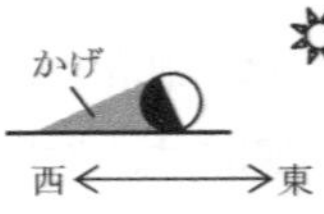

図Ⅱ〈西から見た場合〉

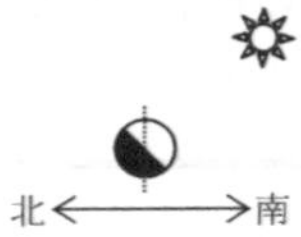

問２　図Ⅲ参照。

図Ⅲ

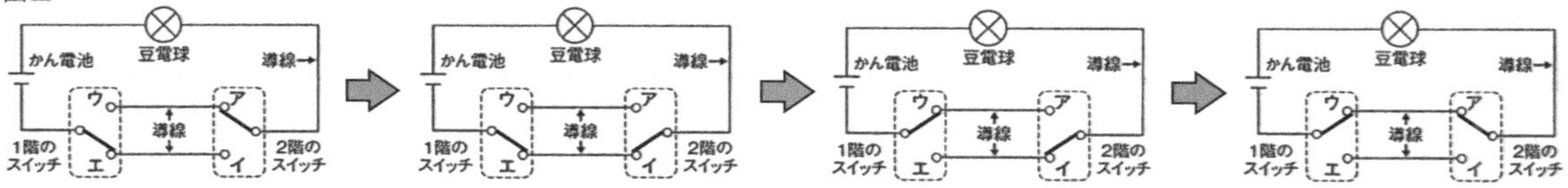

図４
（みほさんが階段をおりる前）

みほさんが２階のスイッチで照明をつけたとき

みほさんが１階のスイッチで照明を消したとき

お兄さんが２階のスイッチで照明をつけたとき

２　**問１**　〔資料１〕と〔資料２〕をしっかり読む。〔資料１〕の下線部分から，１の質問で「いいえ」と答えた，非常用飲料水を用意していない人は，２の質問に答えていないとわかる。したがって，80％以上という割合は，『災害対策アンケート』に回答して，１の質問で「非常用飲料水を用意している」と答えた人のうち，３日分以上の非常用飲料水を用意している人の割合である。

問２　「消防士の方の話に共通して言えること」を明らかにし，それと「あいさつなどから始めることの大事さ」を結びつけて発表原稿《げんこう》をつくる。「事前」には，「地域《ちいき》の人と協力して～つくる」「地域の～に参加する」とあるように，「地域」の人と行う準備が大切だと分かる。「地震《じしん》発生時」には，「避難《ひなん》を手助け」「避難所で～お手伝い」とあるように，自分にできることをして，助け合うことが大切だと分かる。よって，「共通して言えること」は，地域の人と助け合うことが大切ということだ。それは，まったく交流のない人たちと，いきなり円かつに行うことは難しい。だから，日ごろから地域の人たちと交流し，つながりをつくっておくために，あいさつなどから始めようと呼びかける発表原稿にすればよい。

３　**問１**　それぞれのグループの人数が３人以上６人以下となることと，それぞれのグループの人数はそのグループがはるポスターの枚数の約数になることに気づけばよい。

18の約数は１，２，３，６，９，18で，28の約数は１，２，４，７，14，28で，30の約数は１，２，３，５，６，10，15，30であり，それぞれのグループの人数は３人以上６人以下だから，ろう下の人数が４人と決まる。このとき，残りは12－４＝８（人）だから，各教室と校外の人数はそれぞれ３人以上８－３＝５（人）以下となるので，各教室の人数は３人と決まる。よって，校外の人数は，12－４－３＝５（人）となり，５は30の約数だから，条件に合う。

問２　▲と■には10以上15以下の整数が入り，たてと横の間隔《かんかく》の個数（▲と■の個数）は整数だから，▲に入る数字は120の約数のうち10以上15以下の10，12，15のどれか，■に入る数字は210の約数のうち10以上15以下の10，14，15のどれかである。

▲＝10のとき，たての間隔が120÷10＝12（か所）あるから，球根はたてに12－１＝11（個）植えられるとわかる。同じように考えると，▲＝12のとき球根はたてに120÷12－１＝９（個），▲＝15のとき球根はたてに120÷15－１＝７（個），■＝10のとき球根は横に210÷10－１＝20（個），■＝14のとき球根は横に210÷14－１＝14（個），■＝15のとき球根は横に210÷15－１＝13（個）植えられるとわかる。

このとき，たての球根の個数と横の球根の個数の積が，150個以下で最も大きくなるような組み合わせを探す。

球根をたてに11個並べるとき，横に並べる球根の個数は，11×14＝154，11×13＝143より，13個とすればよい。

球根をたてに９個並べるとき，横に並べる球根の個数は，９×20＝180，９×14＝126より，14個とすればよい。

球根をたてに７個並べるとき，横に並べる球根の個数は，７×20＝140より，20個とすればよい。

よって，▲＝10，■＝15で，球根をたてに11個，横に13個植えたとき，植えることができる球根の最大の個数の143個となる。

《解答例》

問一.（例文）

私は、花だんのデザインを全校児童からぼ集し、応ぼされた作品の中から投票で選ぶ方法を提案します。なぜなら、デザインをしたのも選んだのも自分たちだという、主体的な意識を持つことができると考えたからです。

まず、学校にある各花だんの形を調べ、形ごとにデザインをぼ集します。次に、校内で投票を行い、各花だんで一位になったデザインをえがきます。なお、花だんづくりとその後のお世話は、縦割り班で行うと良いと思います。なぜなら、学年をこえた交流ができるからです。学年に応じた役割を担い、おたがいに協力することで、一人ひとりが学校全体の取り組みに参加しているという意識をより強く持つことができると考えました。

問二.（例文）

種から育てると、いつ芽が出るか、どのくらいのびたか、花がいつ咲くかといった成長の過程が気になります。そして、そのつど花だんに立ち寄り、足を止めるはずです。だから、一人ひとりの心が花だんに向けられるというよい変化がみられると思います。

また、お世話に時間がかかるということは、それだけ仲間といっしょに活動する時間が増えるということです。花がしっかり育つように役割分担をする、それぞれが自分の役割をきちんと果たす、何かあったら相談して良い方法を考えるなど、けい続的に協力して取り組む必要があります。このことによって、仲間とのかかわり方が深くなるというよい変化がみられると思います。

《解答例》

1　問１．手からアルミニウムのスプーンに熱が移動して，スプーンがあたためられたからアイスクリームが少しとけたのね。　　問２．水菜の入ったビニールぶくろがしぼんだ理由は，ふくろの中の空気が冷やされて体積が小さくなったからね。そのビニールぶくろの内側に水てきがついた理由は，水菜の中にあった水が水蒸気となって出ていって，それが冷やされて水てきになったからね。

2　問１．総人口に占める 65 才以上の割合が大きくなっていることから，高齢化率が上がっていると考えられるからだよ。　　問２．国・県・市町村が高齢者でも移動がしやすい環境を整備して，自分たちが高齢者に積極的な声かけをすれば，高齢者が住みよいまちになります。

3　問１．

	記号	理由		記号	理由
ア	○		エ	×	立方体の展開図ではないから
イ	×	クラブが向かいあわないから	オ	○	
ウ	○		カ	×	スペードが同じ向きにならないから

問２．ヒントカード…４

理由…(ハート，クラブ，スペード)の個数は，

スペードが１個の場合(10，９，１)，スペードが２個の場合(10，８，２)，

スペードが３個でクラブが偶数なら(９，８，３)，奇数なら(10，７，３)，

スペードが４個でクラブが偶数なら(10，６，４)，奇数なら(９，７，４)，

スペードが５個でクラブが偶数なら(９，６，５)，奇数なら(８，７，５)となるから。

《解　説》

1　**問１**　アルミニウムは金属である。金属には熱を伝えやすい性質があることに着目すればよい。

問２　両方のふくろがしぼんだことから，ふくろがしぼんだ理由は野菜の種類などのちがいではないと判断する。空気は冷やされると体積が小さくなる。また，水てきがついたのは水菜を入れたふくろだけだから，ミニトマトと水菜のちがいを考える。水菜はおもに葉の部分を食用としていて，葉の裏に多くある気こうからは体の中の水が水蒸気となって出ていく蒸散が起こるため，水菜を入れたビニールぶくろでは，出ていった水蒸気が冷やされて水てきになり，それがふくろの内側についたと考えられる。

2　**問１**　あおいさんが「高齢者の数には大きな変化がない」と言った上で，「高齢者が多い社会になる」と言っていることから，高齢者以外の人口の変化を読み取る必要がある。〔資料１〕を見ると，「０～14才」と「15～64才」の人口が年々減少していることから，人口がほとんど変化していない65才以上の総人口に占める割合が大きくなっていることがわかる。

問２　先生のアドバイスから，①「それぞれのグループのカードの内容に共通すること」，②「それら(共通すること)をふまえて高齢者が住みよいまちにするために大切なこと」の２つについてまとめれば，よくわかる発表原稿になるとわかる。国・県・市町村ができることのグループは，「バスを，病院やスーパーマーケットの近くを通るように走らせる」「スロープを作ったり，手すりをつけたりする」「段差をなくす」から，「足腰の弱った高齢者でも移動しやすい環境」が共通することだと読み取れる。自分たちができることのグループは，「進んで席をゆずる」

「自分から元気にあいさつをする」「声をかけたり，手助けをしたりする」から，「積極的な声かけ」が共通することだと読み取れる。

3 **問１**　各展開図を変形させて，正しい図にできるかを考えるとよい。立方体の展開図の正しい図としては，図Ｉのように，４つの面がまっすぐ並び，その左右に１つずつ面がある図がいちばんわかりやすいであろう（左右の面の位置は図Ｉの位置から上下にずれていてもよい）。図Ｉで同じ模様《もよう》をつけた面が，組み立てたとき向かいあう面である。

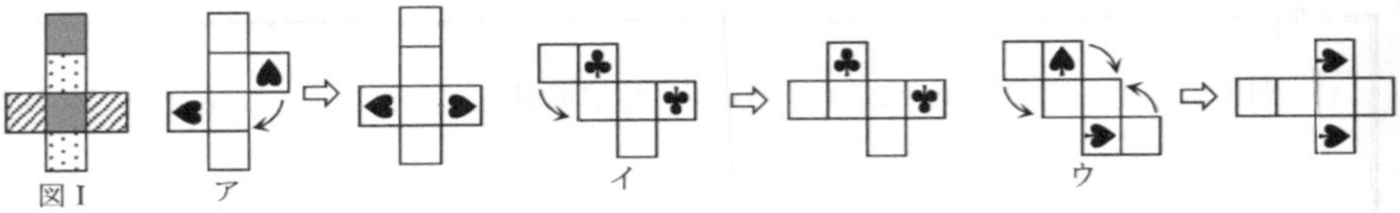

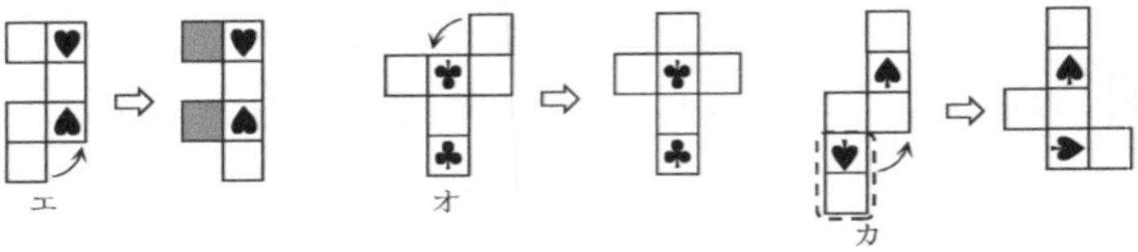

立方体の展開図では，となりの面にくっつくのならば，面を90度だけ回転移動させることができる。これは，カのように連なっている２つ以上の面に対しても行える。図のように各展開図を変形すると，ア，ウ，オが正しい展開図とわかる。イは♣の面が向かいあわず，エは色つきの面が重なるので立方体にならず，カは♠の向きが同じ向きにならない。

問２　20÷３＝６余り２より，スペードが６個だと，少なくとも（ハート，クラブ，スペード）＝（８，７，６）となり，合計が20個をこえるので，スペードは５個以下であり，１～５個のいずれかである。ハートが７個だと，多くても（ハート，クラブ，スペード）＝（７，６，５）となり，合計が20個に届かないので，ハートは８個以上であり，８～10個のいずれかである。ハートが最大の10個だと，クラブは（20－10）÷２＝５（個）より多くなければならないので，クラブは６個以上である。スペードが最少の１個だとクラブは（20－１）÷２＝９余り１より，９個以下なので，クラブは９個以下である。

以上をまとめると，ハートは８～10個，クラブは６～９個，スペードは１～５個の範囲《はんい》に収まるとわかる。

このうち範囲の幅が最も広いのはスペードであり，この個数が分かる場合が，最も他の２種類の個数が決まりそうなので，ヒントカード４が正解ではないかとあたりをつけることができる。あとは，スペードの個数とクラブの偶数または奇数で場合分けをして，ていねいに調べていくと，解答例のように球の個数が確実に当てられるとわかる。

例えば，スペードが５個の場合，ハートとクラブの個数の合計は20－５＝15（個）で奇数になる。したがって，クラブが偶数ならハートは奇数，クラブが奇数ならハートは偶数になる。クラブが偶数ならば，ハートは９個に決まり，クラブも15－９＝６（個）に決まる。クラブが奇数ならハートは８個か10個だが，ハートが10個だとクラブは15－10＝５（個）となり，スペードと同じ個数になるので条件にあわない。

他の場合も同様にして調べていくとよい。

《解答例》

問一．（例文）

　私はレクリエーション係をつくるといいと思います。なぜなら、楽しいイベントを計画することで、自然にクラスの協力体制ができると考えたからです。たとえば、学期末にお楽しみ会を計画して、班ごとに出し物をしてもらいます。ある班は、劇を上演することにしました。みんなが楽しめる物語は何か、だれがどの役をやるか、大道具や小道具はどのように準備するか、いつ集まって練習するかなど、多くのことを相談して決める必要があります。このように、レクリエーションに関する活動の中には、クラス全体のことやおたがいのことを考える機会がたくさんあります。つまり、学級の目標を、楽しみながら実行できる場面がたくさんあるのです。

問二．（例文）

　「ほかの係がどのような活動をしているのかよくわからない」という問題点を解決する方法として、帰りの会に「係からの報告」という時間をつくることを提案します。私が四年生の時、休み時間に「放課後、クラスみんなでドッジボールをしよう。」という話になりました。その場に大勢いたので、みんなに伝わっただろうと思い、改めて全員の前では言いませんでした。すると、話が伝わらなかった友だちがいて、参加できませんでした。この経験から、きちんと説明する場を用意することの大切さを学びました。帰りの会で報告すれば、各係がクラスのためにどんな仕事をしているか、係以外の人のどのような協力が必要かなどが、全員に明確に伝わります。

《解答例》

1 問1　閉じこめられた空気はおされると縮むんだけど，縮んだ空気はもとにもどろうとしておし返してくるからよ。

問2　暖ぼうしている部屋の上の方があたたかくなるのは，あたためられた空気には上へ動く性質があるからで，冷やされた空気には下へ動く性質があると考えられるわ。この部分(イ)全体から冷やされた空気が出て下へ動くと，冷蔵ショーケースの前に冷やされた空気でカーテンができたような状態になるから，外のあたたかい空気が中に入りにくくなるね。

2 問1　③と④のグラフを比べると，今年の６年生は２年前と比べて[節水は大切だと思う人の割合]は，減っているよ。

問2　小麦を外国からの輸入に頼っている日本は，日本で消費する小麦を手に入れるために，自国の水を消費しないで，外国の水を消費しているということよ。

3 問1　こう考えると分かるよ。当番活動は７日で１周するから，172÷７＝24 余り４より，24 周と４日分あるね。体育倉庫の片付けは１周するうちに２回あって，最後の４日間にＡグループが担当する日が１回あるから，全部で24×２＋１＝49(回)と計算できるんだ。

問2　まず，「長なわとび」をする回数を考える。１の１は他の７学級すべてと１回ずつ，合計７回「長なわとび」をする。同じように２の１，３の１，５の１も７回ずつ行う。４の１は４の２以外の６学級と１回ずつ，合計６回「長なわとび」をする。同じように４の２，６の１，６の２も６回ずつ行う。以上の回数の合計は７×４＋６×４＝52(回)なので，「長なわとび」をする２クラスの組み合わせは全部で52÷２＝26(組)となる。交流会１回ごとに２組が「長なわとび」を行うので，26÷２＝13(回)の交流会で「長なわとび」は終わる。６の１は13 回の交流会のうち６回「長なわとび」をするので，「ドッジボール」は13－６＝７(回)行う。

《解　説》

1　**問１**　気体には，閉じこめられた状態で力を加えると体積が小さくなる性質があり，おされて小さくなった気体はもとの大きさにもどろうとしておし返してくる。このくつのかかとにあるアの部分には，空気が閉じこめられているので，歩くことで上から体重が加えられると，反発してばねのように足をおし返してくる。そのため歩くときにはずむような感じがする。

問２　あたためられた空気は体積が大きくなって，同じ体積あたりの重さが軽くなるので上に移動する。これに対し，冷やされた空気は体積が小さくなって，同じ体積あたりの重さが重くなるので下に移動する。冷蔵《れいぞう》ショーケースの上部にあるイの部分全体から冷やされた空気が出て下に移動すると，冷蔵ショーケースの前に冷やされた空気でカーテンができたような状態になるから，外のあたたかい空気が中に入りにくくなる。

2　**問１**　問題文に「今年の６年生の２年間での［節水は大切だと思う人の割合］の変化」とあることから，同じ生徒の考え方の変化を読み取る必要がある。③と⑥では，今年と２年前の６年生の意識を比べたことになり，内容に合わない。

問２　この問題をバーチャル・ウォーターの問題と判断できれば，解答するのが容易になるだろう。バーチャル・ウォーターは，仮想水とも呼ばれ，輸入した農産物を自国で生産したときにかかる水の量を示したものである。日本は，海外から大量の食料を輸入することで，国内の水を使わずに済んでいるのである。言いかえれば，海外から大量の水を輸入しているのと同じとも言える。

3　**問１**　毎日，内側の円を１区切りずつ回すので，７日で内側の円が１周する。内側の円が回る回数と，余りの日数の担当を考えればよい。

問２　長なわとびはすべての組み合わせで１回ずつ(１回だけ)行うことから，交流会の回数が決まる。ドッジボールをする回数は，長なわとびをしない回数である。長なわとびをする学級の組み合わせを考えるとき，同学年に他の学級がない学年とある学年にわけて組み合わせを考えると数えやすい。

《解答例》

問一．（例文）

インターネットを使うと、いっしゅんのうちに情報を集めることができます。パソコンやスマホがあれば、いつでも自分の好きなタイミングで情報を得ることができます。また、世界中の情報を集めることもできます。このように、速く、広いはんいで情報収集できることが、優れた点だと思います。ただし、インターネットには、正しい情報だけではなく、まちがった情報もあるという問題点があります。私は、インターネットで得た情報を参考にするときは、一つの情報をうのみにしないように気をつけています。正しい情報を見ぬくために、複数のウェブサイトや、新聞、本などを見比べるようにしています。

問二．（例文）

私だったら、ペットボトルをリサイクルする場合としない場合の、自然や暮らしへのえいきょうを対比した図表を作って発表をします。リサイクルする場合の良いことは、リサイクルしない場合の悪いことを、裏返して言ったものです。しかし、あえて並べて示すことが大事だと考えます。なぜなら、二つの方向から示せば、「なるほど」と思ってくれる人が増えるからです。ごみの処理費用が減るのか増えるのか、石油の使用量が減るのか増えるのか、地球温暖化の原因となる二酸化炭素が減るのか増えるのかなど、良いことと悪いことを一つずつ並べて示せば、リサイクルに積極的でない人にも分かってもらえると思います。

《解答例》

1 問1．くきの下部の３分の１程度まで，カッターナイフでたてに切れ目を入れ，くきを広げた先をそれぞれ青色と黄色の水に入れ，１日置いておく。

問2．底面が開いていると，手から出る熱がまわりの空気をあたためて生じた上向きの空気の流れがさえぎられないってことね。

2 問1．家庭ごみにふくまれているリサイクル可能な古紙を，資源ごみとして回収しようとしているからだね。

問2．私たちの家庭では，調理するときに食べられる部分まで切り取って捨ててしまったり，食べ残して捨ててしまったりすることがよくあります。このようなことを防ぐために，例えばじゃがいもを使って調理するときには，できるだけ皮を薄くむく工夫が必要です。また，食べ残しをしないように，食べられる量だけご飯を作ったり，作ってもらったりするようにしましょう。

3 問1．短冊Cから(い)は１，２，３，４，５のどれかで，短冊Bから(い)と(え)の和は 10 だけど，(い)と(え)はちがう数だから，５ではないよね。だから，(い)は１，２，３，４のどれかだよ／(あ)…３　(い)…４　(う)…８　(え)…６

問2．右図／

１つの辺に置いた数の和は，各辺の４つの数をすべて足しあわせた数の$\frac{1}{3}$で，これが最大になるのは，３つの頂点に７，８，９を置いたときだよね。このとき，３つの頂点に置いた数と１から９までの数の和を合計すると，

７＋８＋９＋１＋２＋３＋４＋５＋６＋７＋８＋９＝69 になる。だから，１つの辺に置いた数の和は，$69\times\frac{1}{3}$＝23 より大きくすることはできないよ。

【図】

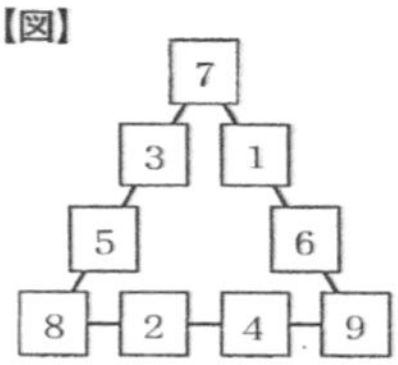

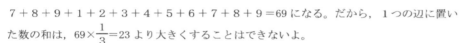

《解　説》

[1] 問１　植物の体内の水が通る管を道管という。バラのくきでは道管は右図のように輪のように配置されており，それぞれの道管によってつながっている花びらがことなるため，左右で分かれるように切りこみを入れて，２色の色水を吸い上げるようにすれば，花びらに２つの色をつけることができる。なお，茎の外側の栄養分が通る管を師管といい，道管と師管が集まって束《たば》になっている部分を維管束《いかんそく》という。

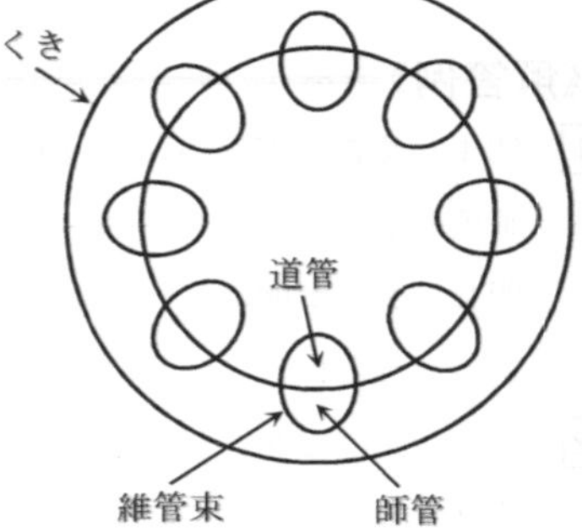

問２　会話の１回目のゆうたの言葉の中にヒントがかくされている。手の温度が関係しているからなんだよ，という発言から，手からの熱によってまわりの空気があたためられて，上向きの空気の流れができ，かざぐるまが回ることが想像できるだろう。図５で，かざぐるまが止まったのは，カップの底面によって，上向きの空気の流れがさえぎられたからである。

[2] 問１　家庭ごみにふくまれているリサイクル可能な古紙は，資源ごみとして回収できるので，北九州市はあえて資源ごみの回収目標の量を増やし，家庭ごみにふくまれているリサイクル可能な古紙の量を減らそうとしている。

問２　資料４をみると，家庭での食品ロスの半分以上は調理の途中で生じている「食べられる部分まで切り取るなどして捨てたもの」である。また，食べる側として問題がある「食べ残して捨てたもの」・「賞味期限切れなどで食べずに捨てたもの」の割合は二つ合わせて 45％あるので，この部分に着目するのもよい。なお，賞味期限は消費期限とちがい，「おいしく食べられる期間」の目安であり，実際に食べられる期間の７～８割ほどに設定されている。賞味期限を多少過ぎたからといって，すぐに食べられなくなるということはない。もしどうしても賞味期限切れが気になるようなら，賞味期限内に食品を食べきることで，食品ロスを減らすことができる。

[3] 問１　短冊Ａ，Ｂ，Ｃのヒントにもとづき，いの数で場合を分けて，(あ，い，う，え)の組み合わせを調べると，(２，１，５，９)(１，２，６，８)(３，２，６，８)(３，４，８，６)(５，４，８，６)の５通りにしぼられる。あとは，短冊Ｄのヒントから，(３，４，８，６)が正しいとわかる。

問２　３つの頂点が７，８，９とわかれば，残りの□には，８と９の間に和が６，７と９の間に和が７，７と８の間に和が８になるように数を置けばよい。解答例以外に，右図のような置き方なども考えられる。

【図】

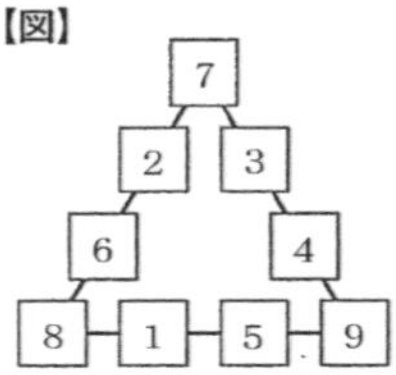

《解答例》

問一　（例文）

　私は本が大好きです。特に、物語をよく読みます。なぜなら、自分の知らない世界に連れて行ってくれる気がして、わくわくするからです。本を読むと、自分とはちがうものの見方を知ることができます。ふだんの生活では経験できないことや、感じたことのない気持ちを知ることによって、視野が広がったり、想像力が豊かになったりします。私は、物語に出てきた遊びをまねしたり、登場人物が好きな食べ物を食べてみたりします。夏休みの家族旅行で、物語のぶ台になった町にも行きました。本を読むたびに自分の世界が広がっていくのはとても楽しいです。このような楽しさがあるので、みんなにも、もっと本を読んでほしいと思います。

問二　（例文）

　友だちとよくコミュニケーションをとれるようになったという変化だと思います。読書をすると、知識や情報が増えるので、新しく知ったことを友だちに言いたくなります。すると、友だちとの会話が盛り上がり、おたがいに良いし激を得ることができます。さらに、しゅ味が同じであることをきっかけに、新しい友だちが増えるかもしれません。また、物語を読むと、さまざまな登場人物の感じ方や考え方にふれることができます。すると、それまで分かり合えなかった友だちの気持ちが理解できるようになります。このように、読書をすることによって友だちとの交流が増え、より深くつきあえるようになることが、よい変化をもたらすのだと考えます。

《解答例》

1　問１．かさをつけたときの光の進み方…右図

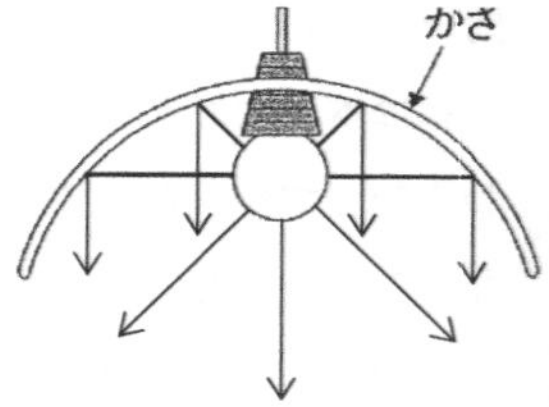

説明…電球から下の方向に出た光に加えて，横やななめ上の方向に出た光も，かさで反射して下の方向に進み，テーブルの表面に当たるからです。

問２．１枚のガラスでできている窓は，冷たい家の外の空気によって冷やされるので，部屋の中の空気にふくまれる水蒸気が水てきになって窓ガラスの表面につきます。一方，２枚のガラスでできている窓は，外側のガラスと内側のガラスの間に空間があるので，内側のガラスにはあまり熱が伝わらないからです。

2　問１．

		一日を元気に過ごせている		計
		○	×	
睡眠時間を８時間以上とっている	○			
	×			
計				

問２．睡眠の質を高めるためには，早く寝つくことが大切です。早く寝つけると，ぐっすりと眠ることができ，睡眠の質が高まるからです。寝る直前に携帯型ゲームをすると寝つきが悪くなるので，よくありません。反対に，適度に運動する習慣を身に付けると，早く寝つくことができます。早く寝つけるように，起きている時の過ごし方に気をつけましょう。

3　問１．４人グループの数…６　５人グループの数…２

問２．㋐，㋑，㋒，㋓の順に植えられる花の色を考えていきましょう。㋐に植えることができる花の色は３通りあります。㋑には，㋐の色以外の２通りを植えられます。㋒には，㋑の色以外の２通りを植えられます。㋓には，㋑と㋒の色以外の１通りを植えられます。だから，㋐～㋓の花の色の並び方は，全部で３×２×２×１＝12(通り)あります。

問３．①12　②15

《解　説》

1　問１．光はかさで反射して進む。そのとき入射角＝反射角となるように反射する(右図)。電球についたかさは　そのような光の性質を利用して，電球の光が下に集まるようにしている。

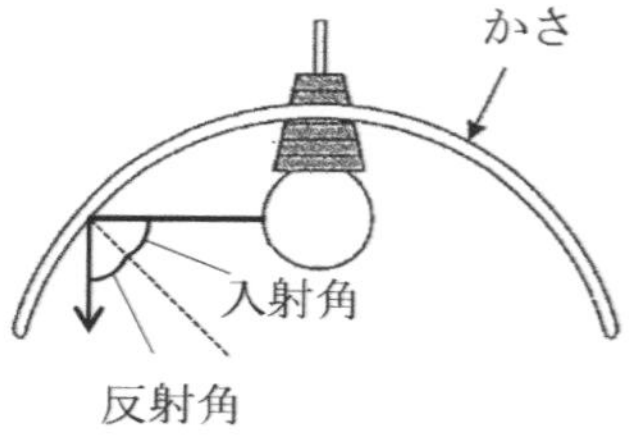

問２．２枚のガラスの間に空気を入れることで，ガラスを通して伝わる熱の量を減らし，気温の低い冬や気温の高い夏に，部屋の中を快適に保つことができる。なお，２枚のガラスの間には空気が入っており，この空気が厚いほど，熱を伝えにくい。また，この２枚のガラスの間の空気は，２枚のガラスの内側に水てきがつかないように，乾燥《かんそう》したものを使っている。また，２枚のガラスの間が真空になっているものもある。

[2] 問1．れいこさんは、アンケートの２つの項目《こうもく》の「関係が分かるように集約」された表をつくりたいと考えている。よって、「睡眠《すいみん》時間を８時間以上とっている」人ととっていない人のそれぞれについて、「一日を元気に過ごせている」人と過ごせていない人が何人いるのかがわかる表をつくればよい。

問2．まず、⑴～⑹の中で「睡眠の質を高める」というテーマにそったものを探す。⑸には、早く寝つけると「睡眠の質を高める」ことができるということが書かれている。そして「早く寝《ね》つける」かどうかに関係する情報が、⑵と⑶に書かれている。よって、⑵⑶⑸の内容を整理して書けばよい。

[3] 問1．34 の一の位が４で，５の倍数の一の位は０または５になることから，まず４人グループが１の場合のグループ分けを考えてみる。その場合５人グループは(34－４)÷５＝６となる。４と５の最小公倍数は 20 だから，この分け方から，４人グループの数を 20÷４＝５増やし，５人グループの数を 20÷５＝４減らすこともできるため，４人グループの数を１＋５＝６，５人グループの数を６－４＝２とする分け方もある。ただし 16 の仕事を各グループの担当する数が同じになるように分担するには，グループの数の合計を 16 の約数にする必要がある。４人グループの数が１で，５人グループの数が６だと，グループの数の合計が１＋６＝７で 16 の約数にならないから，条件にあわない。４人グループの数が**６**で，５人グループの数が**２**だと，グループの数の合計が６＋２＝８で 16 の約数になるから，条件にあう。

問3．とおるさんは水やりをやらないから，まず水やりの進め方を考える。

とおるさんだけで水やりを行うのにかかる時間である 30 分は考えなくてよいので，水やりの全体の仕事の量を 24 と 18 の最小公倍数である[72]とすると，１分で行う仕事の量は，４年生２人が[72]÷24＝[3]，５年生２人が[72]÷18＝[4]と表せる。もし４年生２人だけで水やりを 20 分行うと[3]×20＝[60]の仕事をし，[72]－[60]＝[12]の仕事が残る。20 分のうち１分だけ５年生２人に交代すると，[4]－[3]＝[1]だけ多く仕事ができることから，５年生２人は[12]÷[1]＝12(分間)水やりを行ったことがわかる。よって，４年生２人と５年生２人が仕事を交代する時間は，**12 分後**である。

また，落ち葉集め全体の仕事の量を 36 と 24 と 45 の最小公倍数である(360)とすると，１分で行う仕事の量は，４年生２人が(360)÷36＝⑩，５年生２人が(360)÷24＝⑮，とおるさんが(360)÷45＝⑧と表せる。

４年生２人が 12 分，５年生２人が 20－12＝８(分)で行う落ち葉集めの量は，⑩×12－⑮×８＝(240)だから，とおるさんが行う落ち葉集めの量は，(360)－(240)＝(120)である。

よって，とおるさんが落ち葉集めを行う時間は，(120)÷⑧＝**15(分)**である。

《解答例》

(例文)

私なら、まず木村さんに「どうして練習をやめたの？」と声をかけます。練習をやめたのには何か理由があると思うからです。もしかすると、木村さんはうまく吹けなくていやになり、練習をやめているのかもしれません。その場合は、すでに吹ける人から教えてもらうようにします。反対に、もう吹けるからという理由で練習をやめていた場合は、木村さんに、まだ吹けない人を教えるようたのみます。どちらの理由にしても、せっかくグループで練習しているので、協力し合うことが大切だと思います。

グループ全員の音がぴったり合うためには、テンポや音ののばし方などが統一されなければなりません。だから、残りの練習で、まず一番上手な人に、手本になるようにみんなの前で吹いてもらおうと思います。それを聞いた後に、他の人も合わせて吹くようにすれば、音が合うと思います。ただし、一度に曲をすべて吹くと、とちゅうで分からなくなる人もいると思うので、曲を短く区切り、少しずつ吹いてもらうようにします。

リコーダーの上手な人と、下手な人の両方がいると思うので、下手な人がついていけなくなることがないように、全体を見ながら進めたいです。

《解答例》

1 問1．ふりこの長さが長いほどふりこの1往復する時間は長く，ふりこの長さが短いほどふりこの1往復する時間は短い。また，金属は気温が高いほど体積が大きくなり，気温が低いほど体積が小さくなる。これらのことから，夏には金属のふりこの長さは長くなってふりこの1往復する時間は長くなり，冬には金属のふりこの長さは短くなってふりこの1往復する時間は短くなるため，季節によって針が速く進みすぎたり，おくれたりする。

問2．ガラスびんを手でにぎると，ガラスびんの上の1円玉が動く。これは，びんの中の空気があたためられてぼうちょうしたからである。砂時計の砂の流れがいっしゅんピタッと止まったのも，手のひらを当てたことで，ガラスの中の空気があたためられてぼうちょうし，砂の流れをせき止めたからである。

2 問1．①去年の秋祭りは，私たちだけが楽しめる内容だからだよ

②去年の秋祭りは，すべて私たちが中心の活動だったから，その内容のままでは地域の方々が参加できないよ

問2．地方の方々といっしょに合唱することをアピールするために，合唱する歌の題名を書いておく。／秋祭りに興味を持ってもらうために，「どこからでも楽しめる福岡。」のようなキャッチフレーズを取り入れる。

3 問1．1つのコートで行われる試合の数は 10÷2＝5(試合)であり，休憩の時間は全部で5－1＝4(回)ある。80 分は5の倍数であり，試合時間の合計も5の倍数だから，休憩の時間の合計も5の倍数になる。試合時間を長くするには休憩の時間をなるべく短くすればよいから，休憩の時間の合計は4と5の最小公倍数の20分にする。よって，1試合当たりの時間を(80－20)÷5＝12(分間)にすればよい。

問2．求め方…試合の結果がどうなっても，1試合行うたびに全チームの勝ち点の合計点の和は2点増えるので，10 試合すべてが終わったあとの全チームの勝ち点の合計点の和は2×10＝20(点)である。

よって，Eチームの勝ち点は20－6－1－2－6＝5(点)である。

勝ち点の合計点…5

問3．

内野に残った人数	ボールを当てられた回数
大人 5人，　子供 0人	大人 1回，　子供 12回

内野に残った人数	ボールを当てられた回数
大人 4人，　子供 1人	大人 2回，　子供 11回

《解　説》

1 問１　ふりこの長さは支点からふりこのおもりの中心までである。したがって，ふりこの長さが長くなるときにはおもりの位置を上げ，ふりこの長さが短くなるときにはおもりの位置を下げてふりこが１往復する時間が常に同じになるようにすればよい。

問２　自然界では，あたためられた空気はぼうちょうして上に向かって移動する。この空気の流れを上《じょう》昇《しょう》気《き》流《りゅう》といい，しめった空気が激しく上昇すると積乱雲などの雲ができる。

2 問１　去年の秋祭りの内容を見ると，学級・学年・全校が活動の中心になっていることがわかる。今年の秋祭りでは地域の方々を招待することになっているのに，このままの内容だと楽しめるのは自分たちだけで，地域の方々はただの観客になってしまう。今年の秋祭りのめあては，「地域の方々も一緒に歌ったり，踊ったり，遊んだりして，みんなで楽しめる秋祭りをしよう。」なので，このめあてに沿った解答をつくるようにしよう。

問２　資料２のポスターと，資料３の観光ポスターのちがいがどこにあるかを考えよう。「一緒に楽しんでほしい」というメッセージが伝わるような工夫を考えよう。解答例のほか，「秋祭りのようすをわかりやすく伝えるために，去年の秋祭りの写真を増やす。」や，「子どもからお年寄りまで楽しめるようにするために，ゲームなども取り入れた，参加型のお店屋さんをアピールする。」などもよい。

3 問１　きまりのカに，「最初の試合を始めてから最後の試合を終えるまでの時間は 80 分間」とあるので，休憩の時間は５回ではなく４回になることに注意する。また，「80 分以内」ではないので，合計がちょうど 80 分になるように試合時間と休憩の時間を決めなければならない。

問３　Ａチームにおいて内野から外野に出た人は，大人が６－２＝４(人)，子供が６－２＝４(人)だから，ボールを当てられた回数は少なくとも１×４＋２×４＝12(回)である。内野に残った子供２人がボールを当てられた回数の合計は０～２回のいずれかだから，Ａチームがボールを当てられた回数は 12～14 回のいずれかであり，Ｄチームがボールを当てられた回数は 13～15 回のいずれかである。

次に，内野に残った人数が５人となるようなボールを当てられた回数のうち，最も多い回数を考える。

ボールを当てられた回数が最も多くなるのは，子供に当てられた回数が最も多いときであり，そのような当てられ方で内野に５人残るのは，子供に２×６＝12(回)，大人に１×(６－５)＝１(回)の計 12＋１＝13(回)当てられた場合である。したがって，14 回以上当てられると内野に残る人数は５人未満になる。

以上より，Ｄチームがボールを当てられた回数は 13 回である。内野に残った子供も１回だけはボールを当てられたかもしれない点に注意して条件にあう当てられ方を探すと，右表の６つの場合が見つかるので，このうち２つを答えればよい。

	内野に残った人数	ボールを当てられた回数
①	大人 ５ 人，子供 ０ 人	大人 １ 回，子供 12 回
②	大人 ４ 人，子供 １ 人	大人 ２ 回，子供 11 回
③	大人 ３ 人，子供 ２ 人	大人 ３ 回，子供 10 回
④	大人 ２ 人，子供 ３ 人	大人 ４ 回，子供 ９ 回
⑤	大人 １ 人，子供 ４ 人	大人 ５ 回，子供 ８ 回
⑥	大人 ０ 人，子供 ５ 人	大人 ６ 回，子供 ７ 回

《解答例》（育徳館中学校）

問一 （例文）

私が一番大切にしていきたいと思うものは、「思いやりをもって仲間に接すること」だ。

その理由は、だれもが学校に行くのが楽しいと思えるような学校であってほしいからだ。低学年のころ、ひっこみじあんで人の輪に入って行けなかった私は、内気のウッチーというあだ名をつけられた。その時、「やめなよ。言われる人の気持ちになりなよ。」と言ってくれた友だちがいた。とてもうれしかったし、私も自分からみんなの輪に入るようにがんばろうと思えた。相手の気持ちになって考えることが思いやりだと思う。一人一人がその気持ちを大切にすれば、悲しい思いをする人はきっといなくなり、学校に行くことが楽しくなると思う。

問二 （例文）

私は、毎朝できるだけ多くの人にあいさつをしたい。あいさつをすると、気持ちが明るくなるし、相手とのきょりも縮まる。また、朝のあいさつをすることで、相手の声や表情から、もし何かつらいことやなやんでいることがあるなら、それに気づいてあげることができると思う。もし、声がいつもより小さかったり、表情が暗かったりしたら、「どうしたの。」「きょうは具合がわるいの。」などと相手のことを思いやって声をかけてあげたい。もし、声をかけることができなくても、その日は気をつけて見守っていてあげることもできると思う。このように、私でもできる小さなことから始めて、それが少しずつみんなに広がっていくといいと思う。

《解答例》（門司学園中学校）

問一 （例文）

うさぎ小屋が汚れていない日は、一人でそうじをしてもそれほど大変ではありません。だから、そういう日は順番に一人でそうじをして、もう一人は早く帰るほうがいいと山本さんは思ったのだと思います。田中さんのことを思って言ったと思います。

私も、友だちに同じような提案をしたことがあります。私のクラスは二人で日直当番をやります。放課後、「私が当番日しを書くから、先に下校していいよ。」と言いました。ペアの友だちも喜んでくれました。だから、山本さんの気持ちはわかります。

でも、それでは二人とも当番としての責任を最後まで果たしたことにならないと先生に注意されました。私はこの時、友だち思いであるということは、友だちに楽をさせてあげることではないんだということに気がつきました。そして、自分の安易な提案を反省しました。

問二 （例文）

私が田中さんだったら、「ありがとう。でも私も当番としての責任を果たしたいから、いっしょにやろう。」と答えます。山本さんは私のために言ってくれたと思うので、その気持ちに対して、まずお礼をいいます。しかし、当番としての仕事をやり終えなければ、私は責任を果たしたことになりません。だから、ふたりで力を合わせてやることを提案します。ふたりでやれば、もっと早く仕事を終えることもできると思います。

《解答例》（輝翔館中等教育学校）

問一　（例文）

私は「思いやりのある行動」をとるとき、自分の思いこみで行動しないということが大事だと思います。いきなり手伝いをするのではなく「お手伝いしましょうか。」「私にできることはありますか。」などと声をかけて、相手の意思を確かめることが必要だと思います。

以前空き地で近所の男の子が自転車の練習をしていました。何度も転ぶので後ろの荷台をもってあげました。すると、その子のお父さんに「ありがとう。でもこの子は何度も転んで乗り方をおぼえるのだから、手を出さないでやってくれるかい。」と言われました。その時、これは思いやりではなくおせっかいだったと反省しました。それ以来、手伝う前に一言聞くようにしています。

問二　（例文）

私が日ごろ「思いやりのある行動」として行っていることは、バスや電車でお年寄りやにん婦さんが立っていると、だまってさりげなく席を立つことです。

以前、県のイベントで、お年寄りやにん婦さんの疑似体験をしました。その時、歩くのはもちろん、立っているだけでもどれだけ大変なのかということが身に染みてわかりました。バスや電車で「どうぞ。」と声をかけて席をゆずることもあります。しかし、だまって立つだけでほとんどの人が気づいてえしゃくをして座ってくれます。だまって立つ理由は、そうすれば、気をつかわせず、座るか座らないかも本人の意思で決めてもらえると思うからです。

《解答例》（宗像中学校）

問一　（例文）

私は、日常生活の中で日々疑問に出くわしている。たとえば、なぜ雨上がりににじができるのか、なぜ火山はふん火するのか、なぜ飛行機は空を飛べるのかなどの疑問だ。低学年のころは、疑問を感じると母をたよることが多かった。しかし、高学年になり、母に「そろそろ自分で調べるようにしてごらん。」と言われた。それがきっかけで、図書館で百科事典を読む、書店で本を買う、インターネットで調べる、簡単な実験をするなどの方法で、自分で解決しようと努力するようになった。

これらの体験を通して、自分で疑問をひとつひとつ解決するのは簡単ではないが、本当の理解につながることがわかった。また、今まで知らなかったことを学んだり発見したりすることはとても楽しく、視野を広げることになり、自分を成長させると気づいた。

中学校では科学部に入り、今より専門的な実験や調査活動に取り組んでみたいと思っている。

問二　（例文）

二十一世紀はますます、国せきに関係なく「地球人」として、世界の人々がつながり、力を合わせて地球の環境を守り、共に生きていく時代になる。若田さんは、そのためにこれからの地球人である私たちが、まず身近な人に「思いやり」をもって接し、心の友をつくることが大切だということを教えてくれているのだと思う。それがやがて世界に広がり、支え合いはげましあえる地球人となることにつながっていくからだと思う。

《解答例》（嘉穂高等学校附属中学校）

問一　（例文）

海外のサッカーチームのサポーターは、とても熱きょう的な人が多い。そのため、自国のチームが試合に負けると感情的になり、サポーター同士がけんかをしたり物にやつあたりをしたりしてしまうことが多いそうだ。しかし、日本チームのサポーターは、試合に負けた直後でも冷静さを失わなかった。そして、ふだん通りに他人の出したごみまで片づけるというマナーの良さを発揮した。だから、海外から多くの賞賛の声があがったのだと思う。

問二　（例文）

世界にはいろいろな見方や考え方があり、行動のしかたもさまざまだ。それは、学校でもあてはまる。

私は、学級会で最後まで自分の意見を曲げなかったＡくんのことを「かれは意志が強くて立派だ。」と思った。しかし、ある友だちは「かれは自己主張が強くてわがままだ。」と言った。ひとつの行動が、見る人によって、長所にも短所にもとらえられるということに気づいた。

人と見方や考え方がちがった時、それぞれのとらえ方を否定するのではなく、なぜそうとらえるのかをお互いに考えて、自分の見方を変えたり、考えを深めたりしていくことが大切だと思う。

これからの学校生活でお互いが気持ちよく生活するためには、十人いれば十人それぞれの見方や考え方があるということをふまえて、お互いを尊重し、歩み寄る努力をすることに気をつけるべきだと思う。

■ ご使用にあたってのお願い・ご注意

（1）問題文等の非掲載

著作権上の都合により，問題文や図表などの一部を掲載できない場合があります。

誠に申し訳ございませんが，ご了承くださいますようお願いいたします。

（2）過去問における時事性

過去問題集は，学習指導要領の改訂や社会状況の変化，新たな発見などにより，現在とは異なる表記や解説になっている場合があります。過去問の特性上，出題当時のままで出版していますので，あらかじめご了承ください。

（3）配点

学校等から配点が公表されている場合は，記載しています。公表されていない場合は，記載していません。

独自の予想配点は，出題者の意図と異なる場合があり，お客様が学習するうえで誤った判断をしてしまう恐れがあるため記載していません。

（4）無断複製等の禁止

購入された個人のお客様が，ご家庭でご自身またはご家族の学習のためにコピーをすることは可能ですが，それ以外の目的でコピー，スキャン，転載（ブログ，ＳＮＳなどでの公開を含みます）などをすることは法律により禁止されています。学校や学習塾などで，児童生徒のためにコピーをして使用することも法律により禁止されています。

ご不明な点や，違法な疑いのある行為を確認された場合は，弊社までご連絡ください。

（5）けがに注意

この問題集は針を外して使用します。針を外すときは，けがをしないように注意してください。また，表紙カバーや問題用紙の端で手指を傷つけないように十分注意してください。

（6）正誤

制作には万全を期しておりますが，万が一誤りなどがございましたら，弊社までご連絡ください。

なお，誤りが判明した場合は，弊社ウェブサイトの「ご購入者様のページ」に掲載しておりますので，そちらもご確認ください。

■ お問い合わせ

解答例，解説，印刷，製本など，問題集発行におけるすべての責任は弊社にあります。

ご不明な点がございましたら，弊社ウェブサイトの「お問い合わせ」フォームよりご連絡ください。迅速に対応いたしますが，営業日の都合で回答に数日を要する場合があります。

ご入力いただいたメールアドレス宛に自動返信メールをお送りしています。自動返信メールが届かない場合は，「よくある質問」の「メールの問い合わせに対し返信がありません。」の項目をご確認ください。

また弊社営業日（平日）は，午前９時から午後５時まで，電話でのお問い合わせも受け付けています。

2025春

株式会社教英出版

〒422-8054　静岡県静岡市駿河区南安倍３丁目 12-28

TEL　054-288-2131　　FAX　054-288-2133

URL　https://kyoei-syuppan.net/

MAIL siteform@kyoei-syuppan.net

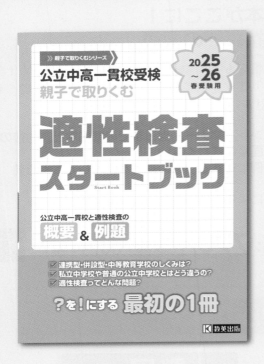

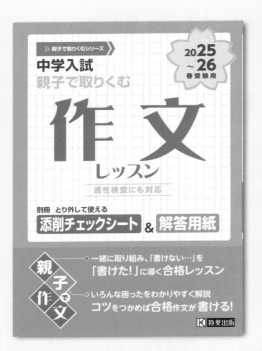

神奈川県

①[県立]相模原中等教育学校
　　　　平塚中等教育学校
②[市立]南高等学校附属中学校
③[市立]横浜サイエンスフロンティア高等学校附属中学校
④[市立]川崎高等学校附属中学校
✿⑤聖光学院中学校
✿⑥浅野中学校
⑦洗足学園中学校
⑧法政大学第二中学校
⑨逗子開成中学校(1次)
⑩逗子開成中学校(2·3次)
⑪神奈川大学附属中学校(第1回)
⑫神奈川大学附属中学校(第2·3回)
⑬栄光学園中学校
⑭フェリス女学院中学校

新潟県

①[県立]村上中等教育学校
　　　　柏崎翔洋中等教育学校
　　　　燕中等教育学校
　　　　津南中等教育学校
　　　　直江津中等教育学校
　　　　佐渡中等教育学校
②[市立]高志中等教育学校
③新潟第一中学校
④新潟明訓中学校

石川県

①[県立]金沢錦丘中学校
②星稜中学校

福井県

①[県立]高志中学校

山梨県

①山梨英和中学校
②山梨学院中学校
③駿台甲府中学校

長野県

①[県立]屋代高等学校附属中学校
　　　　諏訪清陵高等学校附属中学校
②[市立]長野中学校

岐阜県

①岐阜東中学校
②鶯谷中学校
③岐阜聖徳学園大学附属中学校

静岡県

①[国立]静岡大学教育学部附属中学校
　　　　(静岡·島田·浜松)
②[県立]清水南高等学校中等部
　[県立]浜松西高等学校中等部
　[市立]沼津高等学校中等部
③不二聖心女子学院中学校
④日本大学三島中学校
⑤加藤学園暁秀中学校
⑥星陵中学校
⑦東海大学付属静岡翔洋高等学校中等部
⑧静岡サレジオ中学校
⑨静岡英和女学院中学校
⑩静岡雙葉中学校
⑪静岡聖光学院中学校
⑫静岡学園中学校
⑬静岡大成中学校
⑭城南静岡中学校
⑮静岡北中学校
⑯常葉大学附属常葉中学校
　常葉大学附属橘中学校
　常葉大学附属菊川中学校
⑰藤枝明誠中学校
⑱浜松開誠館中学校
⑲静岡県西遠女子学園中学校
⑳浜松日体中学校
㉑浜松学芸中学校

愛知県

①[国立]愛知教育大学附属名古屋中学校
②愛知淑徳中学校
③名古屋経済大学市邨中学校
　名古屋経済大学高蔵中学校
④金城学院中学校
⑤椙山女学園中学校
⑥東海中学校
⑦南山中学校男子部
⑧南山中学校女子部
⑨聖霊中学校
⑩滝中学校
⑪名古屋中学校
⑫大成中学校
⑬愛知中学校
⑭星城中学校
⑮名古屋葵大学中学校
　(名古屋女子大学中学校)
⑯愛知工業大学名電中学校
⑰海陽中等教育学校(特別給費生)
⑱海陽中等教育学校(Ⅰ·Ⅱ)
⑲中部大学春日丘中学校
新刊⑳名古屋国際中学校

三重県

①[国立]三重大学教育学部附属中学校
②暁中学校
③海星中学校
④四日市メリノール学院中学校
⑤高田中学校
⑥セントヨゼフ女子学園中学校
⑦三重中学校
⑧皇學館中学校
⑨鈴鹿中等教育学校
⑩津田学園中学校

滋賀県

①[国立]滋賀大学教育学部附属中学校
②[県立]河瀬中学校
　　　　守山中学校
　　　　水口東中学校

京都府

①[国立]京都教育大学附属桃山中学校
②[府立]洛北高等学校附属中学校
③[府立]園部高等学校附属中学校
④[府立]福知山高等学校附属中学校
⑤[府立]南陽高等学校附属中学校
⑥[市立]西京高等学校附属中学校
⑦同志社中学校
⑧洛星中学校
⑨洛南高等学校附属中学校
⑩立命館中学校
⑪同志社国際中学校
⑫同志社女子中学校(前期日程)
⑬同志社女子中学校(後期日程)

大阪府

①[国立]大阪教育大学附属天王寺中学校
②[国立]大阪教育大学附属平野中学校
③[国立]大阪教育大学附属池田中学校

④[府立]富田林中学校
⑤[府立]咲くやこの花中学校
⑥[府立]水都国際中学校
⑦清風中学校
⑧高槻中学校（Ａ日程）
⑨高槻中学校（Ｂ日程）
⑩明星中学校
⑪大阪女学院中学校
⑫大谷中学校
⑬四天王寺中学校
⑭帝塚山学院中学校
⑮大阪国際中学校
⑯大阪桐蔭中学校
⑰開明中学校
⑱関西大学第一中学校
⑲近畿大学附属中学校
⑳金蘭千里中学校
㉑金光八尾中学校
㉒清風南海中学校
㉓帝塚山学院泉ヶ丘中学校
㉔同志社香里中学校
㉕初芝立命館中学校
㉖関西大学中等部
㉗大阪星光学院中学校

兵庫県

①[国立]神戸大学附属中等教育学校
②[県立]兵庫県立大学附属中学校
③雲雀丘学園中学校
④関西学院中学部
⑤神戸女学院中学部
⑥甲陽学院中学校
⑦甲南中学校
⑧甲南女子中学校
⑨灘中学校
⑩親和中学校
⑪神戸海星女子学院中学校
⑫滝川中学校
⑬啓明学院中学校
⑭三田学園中学校
⑮淳心学院中学校
⑯仁川学院中学校
⑰六甲学院中学校
⑱須磨学園中学校（第1回入試）
⑲須磨学園中学校（第2回入試）
⑳須磨学園中学校（第3回入試）
㉑白陵中学校
㉒夙川中学校

奈良県

①[国立]奈良女子大学附属中等教育学校
②[国立]奈良教育大学附属中学校
③[県立]
国際中学校
青翔中学校
④[市立]一条高等学校附属中学校
⑤帝塚山中学校
⑥東大寺学園中学校
⑦奈良学園中学校
⑧西大和学園中学校

和歌山県

①[県立]
古佐田丘中学校
向陽中学校
桐蔭中学校
日高高等学校附属中学校
田辺中学校
②智辯学園和歌山中学校
③近畿大学附属和歌山中学校
④開智中学校

岡山県

①[県立]岡山操山中学校
②[県立]倉敷天城中学校
③[県立]岡山大安寺中等教育学校
④[県立]津山中学校
⑤岡山中学校
⑥清心中学校
⑦岡山白陵中学校
⑧金光学園中学校
⑨就実中学校
⑩岡山理科大学附属中学校
⑪山陽学園中学校

広島県

①[国立]広島大学附属中学校
②[国立]広島大学附属福山中学校
③[県立]広島中学校
④[県立]三次中学校
⑤[県立]広島叡智学園中学校
⑥[市立]広島中等教育学校
⑦[市立]福山中学校
⑧広島学院中学校
⑨広島女学院中学校
⑩修道中学校
⑪崇徳中学校
⑫比治山女子中学校
⑬福山暁の星女子中学校
⑭安田女子中学校
⑮広島なぎさ中学校
⑯広島城北中学校
⑰近畿大学附属広島中学校福山校
⑱盈進中学校
⑲如水館中学校
⑳ノートルダム清心中学校
㉑銀河学院中学校
㉒近畿大学附属広島中学校東広島校
㉓ＡＩＣＪ中学校
㉔広島国際学院中学校
㉕広島修道大学ひろしま協創中学校

山口県

①[県立]
下関中等教育学校
高森みどり中学校
②野田学園中学校

徳島県

①[県立]
富岡東中学校
川島中学校
城ノ内中等教育学校
②徳島文理中学校

香川県

①大手前丸亀中学校
②香川誠陵中学校

愛媛県

①[県立]
今治東中等教育学校
松山西中等教育学校
②愛光中学校
③済美平成中等教育学校
④新田青雲中等教育学校

高知県

①[県立]
安芸中学校
高知国際中学校
中村中学校

福岡県

①[国立] 福岡教育大学附属中学校（福岡・小倉・久留米）

②[県立]
- 育徳館中学校
- 門司学園中学校
- 宗像中学校
- 嘉穂高等学校附属中学校
- 輝翔館中等教育学校

③西南学院中学校
④上智福岡中学校
⑤福岡女学院中学校
⑥福岡雙葉中学校
⑦照曜館中学校
⑧筑紫女学園中学校
⑨敬愛中学校
⑩久留米大学附設中学校
⑪飯塚日新館中学校
⑫明治学園中学校
⑬小倉日新館中学校
⑭久留米信愛中学校
⑮中村学園女子中学校
⑯福岡大学附属大濠中学校
⑰筑陽学園中学校
⑱九州国際大学付属中学校
⑲博多女子中学校
⑳東福岡自彊館中学校
㉑八女学院中学校

佐賀県

①[県立]
- 香楠中学校
- 致遠館中学校
- 唐津東中学校
- 武雄青陵中学校

②弘学館中学校
③東明館中学校
④佐賀清和中学校
⑤成穎中学校
⑥早稲田佐賀中学校

長崎県

①[県立]
- 長崎東中学校
- 佐世保北中学校
- 諫早高等学校附属中学校

②青雲中学校
③長崎南山中学校
④長崎日本大学中学校
⑤海星中学校

熊本県

①[県立]
- 玉名高等学校附属中学校
- 宇土中学校
- 八代中学校

②真和中学校
③九州学院中学校
④ルーテル学院中学校
⑤熊本信愛女学院中学校
⑥熊本マリスト学園中学校
⑦熊本学園大学付属中学校

大分県

①[県立]大分豊府中学校
②岩田中学校

宮崎県

①[県立]五ヶ瀬中等教育学校

②[県立]
- 宮崎西高等学校附属中学校
- 都城泉ヶ丘高等学校附属中学校

③宮崎日本大学中学校
④日向学院中学校
⑤宮崎第一中学校

鹿児島県

①[県立]楠隼中学校
②[市立]鹿児島玉龍中学校
③鹿児島修学館中学校
④ラ・サール中学校
⑤志學館中等部

沖縄県

①[県立]
- 与勝緑が丘中学校
- 開邦中学校
- 球陽中学校
- 名護高等学校附属桜中学校

もっと過去問シリーズ

北海道

北嶺中学校
7年分（算数・理科・社会）

静岡県

静岡大学教育学部附属中学校
（静岡・島田・浜松）
10年分（算数）

愛知県

愛知淑徳中学校
7年分（算数・理科・社会）
東海中学校
7年分（算数・理科・社会）
南山中学校男子部
7年分（算数・理科・社会）
南山中学校女子部
7年分（算数・理科・社会）
滝中学校
7年分（算数・理科・社会）
名古屋中学校
7年分（算数・理科・社会）

岡山県

岡山白陵中学校
7年分（算数・理科）

広島県

広島大学附属中学校
7年分（算数・理科・社会）
広島大学附属福山中学校
7年分（算数・理科・社会）
広島学院中学校
7年分（算数・理科・社会）
広島女学院中学校
7年分（算数・理科・社会）
修道中学校
7年分（算数・理科・社会）
ノートルダム清心中学校
7年分（算数・理科・社会）

愛媛県

愛光中学校
7年分（算数・理科・社会）

福岡県

福岡教育大学附属中学校
（福岡・小倉・久留米）
7年分（算数・理科・社会）
西南学院中学校
7年分（算数・理科・社会）
久留米大学附設中学校
7年分（算数・理科・社会）
福岡大学附属大濠中学校
7年分（算数・理科・社会）

佐賀県

早稲田佐賀中学校
7年分（算数・理科・社会）

長崎県

青雲中学校
7年分（算数・理科・社会）

鹿児島県

ラ・サール中学校
7年分（算数・理科・社会）

※もっと過去問シリーズは
国語の収録はありません。

教英出版
〒422-8054
静岡県静岡市駿河区南安倍3丁目12－28
TEL 054-288-2131
FAX 054-288-2133
詳しくは教英出版で検索
教英出版　検索
URL https://kyoei-syuppan.net/

[福岡県立]
育　徳　館　中　学　校
門　司　学　園　中　学　校
宗　像　中　学　校
嘉穂高等学校附属中学校
輝翔館中等教育学校

令和６年度

適　性　検　査　Ⅰ

（その１）

検査番号
氏　名

＜　注　意　＞

（その1）（その2）の表紙には、同じ注意事項が書かれています。

1　この用紙の内側に問題と解答欄《らん》があります。やぶれている場合や、印刷がはっきりしていない場合は、手をあげてください。

2　内側にある［※　　　　］には、何もかいてはいけません。

3　問題の解答時間は（その1）、（その2）合わせて40分です。どこから解答を始めてもかまいません。

4　「やめてください。」の合図で、すぐに筆記用具を置き、とじた状態で（その１）が上、（その２）が下になるように重ね、机《つくえ》の上に置いてください。

（配点非公表）

1　山下さんの夏休み中のできごとです。

問１　山下さんの妹は、自由研究で、ストロー内の水面の上下で温度変化が分かるストロー温度計（**図１**）を作っています。下の［　　］は、妹が作ったストロー温度計（**図２**）にストロー内の水面の位置を記録していたときの、山下さんと妹の会話の一部です。

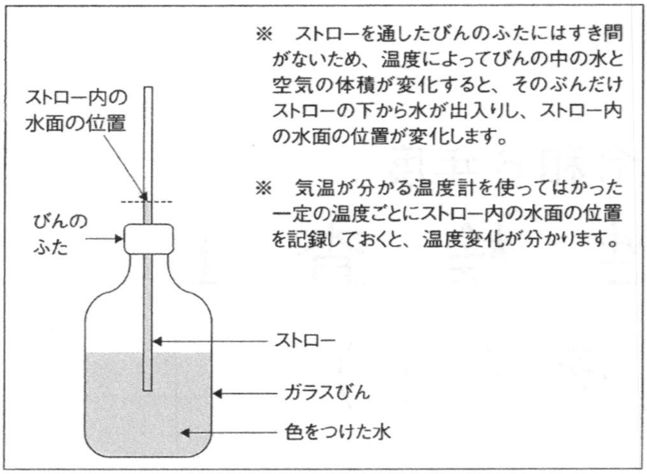
※　ストローを通したびんのふたにはすき間がないため、温度によってびんの中の水と空気の体積が変化すると、そのぶんだけストローの下から水が出入りし、ストロー内の水面の位置が変化します。
※　気温が分かる温度計を使ってはかった一定の温度ごとにストロー内の水面の位置を記録しておくと、温度変化が分かります。
ストロー内の水面の位置
びんのふた
ストロー
ガラスびん
色をつけた水

図１

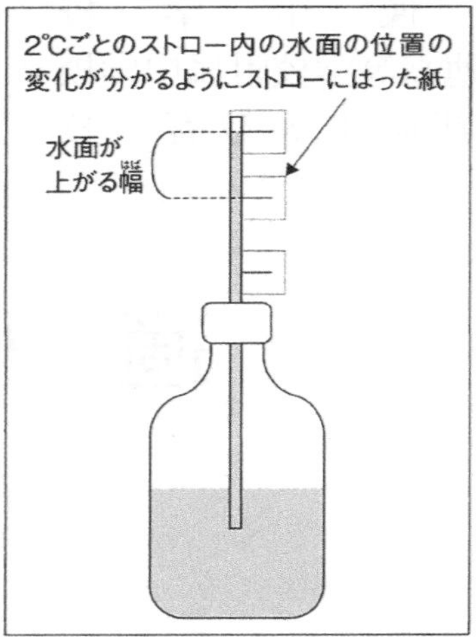
2℃ごとのストロー内の水面の位置の変化が分かるようにストローにはった紙
水面が上がる幅《はば》

図２

妹　：「ストローの上から水があふれそうだね。これだと、4℃ぶんの変化しか分からないね。もっと大きな温度変化が分かるストロー温度計にするには、どうすればいいのかな。」

山下：「あなたが作った温度計の、びんの中の水の量を増やすだけでいいよ。水の量を増やして、ストロー内の水面の位置を記録し直してごらん。」

妹　：「どうして、その方法でできるのかな。」

山下：「**それはね、**［　　］」

山下さんは会話の中の**それはね、**に続けて［　　］で、びんの中の水の量を増やすことで、もっと大きな温度変化が分かるストロー温度計にできる理由を説明しました。あなたが山下さんだったら、どのように説明しますか。あたためられたときの水と空気の変化の違《ちが》いが、ストロー内の水面が上がる幅とどのように関係しているのかを明らかにして、下の［　　］にかきましょう。

適性検査Ⅰ
（その２）

検査番号

氏名

＜ 注 意 ＞

（その1）（その2）の表紙には、同じ注意事項が書かれています。

1　この用紙の内側に問題と解答欄《らん》があります。やぶれている場合や、印刷がはっきりしていない場合は、手をあげてください。

2　内側にある ［※］ には、何もかいてはいけません。

3　問題の解答時間は（その1）、（その2）合わせて４０分です。どこから解答を始めてもかまいません。

4　「やめてください。」の合図で、すぐに筆記用具を置き、とじた状態で（その1）が上、（その2）が下になるように重ね、机《つくえ》の上に置いてください。

2 　森口さんの小学校では、地域《ちいき》のさまざまな場所を訪《おとず》れて体験活動を行う「地域発見フィールドワーク」をします。

問１　森口さんたちの班《はん》は、フィールドワークの計画を立てることになりました。下の〔**資料１**〕は、先生から配られた案内図とフィールドワークの条件がかかれたプリントです。

〔資料１〕案内図とフィールドワークの条件

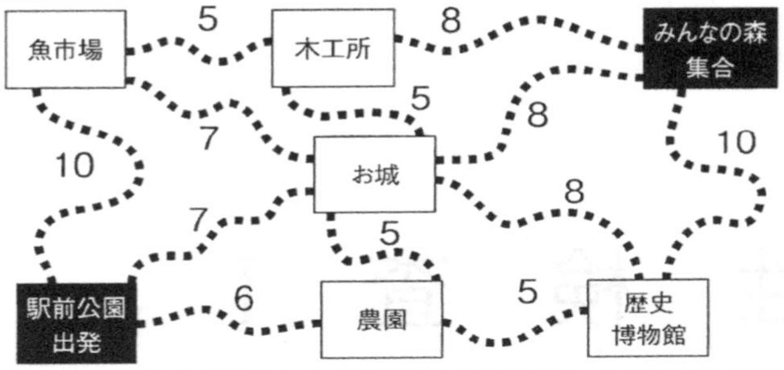

○駅前公園を9時に出発してみんなの森に12時45分までに集合する。
○体験活動の場所は魚市場、お城、農園、歴史博物館、木工所の中から4つ選ぶ。

※　■■■（点線）と数字は、体験活動場所までの徒歩で移動できる道と片道《かたみち》にかかる時間（分）を表します。

森口さんたちの班は、フィールドワークの計画について話し合っています。次の［　　　　］は、そのときの会話の一部です。

森口：「この前の話し合いでは、先生から配られた〔**体験活動カード**〕をもとに、木工所の寄木《よせぎ》体験とお城の忍者《にんじゃ》体験を必ずしようと決めたよね。」

川上：「みんなお城が好きだから、〔**体験活動カード**〕にかかれている忍者体験の時間とは別に、お城の中を見学する時間をとりたいね。」

田中：「お城の中も見学するなら、忍者体験の30分間と見学を合わせてお城で過ごす時間を決めよう。」

森口：「お城で過ごす時間が最も長くなるように、回る順番と場所を考えて計画書を作ろう。」

〔体験活動カード〕

魚市場	お城	農園	歴史博物館	木工所
時間　45分間	時間　30分間	時間　45分間	時間　40分間	時間　60分間
内容　せり体験	内容　忍者体験	内容　みかんがり	内容　勾玉《まがたま》づくり	内容　寄木体験

森口さんたちの班は、〔**資料１**〕をもとに計画を考えました。森口さんたちの班の**【地域発見フィールドワーク計画書】**を完成させましょう。

【地域発見フィールドワーク計画書】

回る順番	場所	場所で過ごす時間	次の場所への出発時刻《じこく》
	駅前公園		9：00
1		分間	：
2		分間	：
3		分間	：
4		分間	：
	みんなの森		

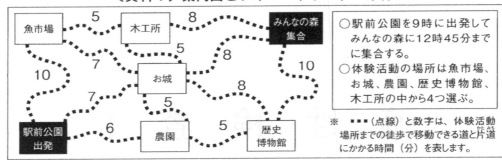

適性検査Ⅱ・作文
（その１）

検査番号
氏　名

＜　注　意　＞

（その１）（その２）の表紙には、同じ注意事項が書かれています。

1　この用紙の内側に問題と解答欄《らん》があります。やぶれている場合や、印刷がはっきりしていない場合は、手をあげてください。

2　内側にある［※　　　　］には、何もかいてはいけません。

3　問題の解答時間は（その１）、（その２）合わせて４０分です。どこから解答を始めてもかまいません。

4　「やめてください。」の合図で、すぐに筆記用具を置き、とじた状態で（その１）が上、（その２）が下になるように重ね、机《つくえ》の上に置いてください。

（配点非公表）

3

木山さんの学級では、総合的な学習の時間に「私《わたし》たちのくらしと食生活」というテーマで、班《はん》に分かれて学習しています。

問1　木山さんたちの班は、食品ロスについて調べています。

(1)　木山さんたちの班では、食品ロスを減らすための具体的な取り組みについて、資料をもとに、話し合っています。次の [ ] は、そのときの会話の一部です。

木山：「食品ロスとは、まだ食べられるのに捨《す》てられる食品のことだと学習したよね。その食品ロスを減らすための取り組みとして、『てまえどり』というものがあるみたいだよ〔資料1〕。」

高木：「『てまえどり』とは、購入《こうにゅう》してすぐに食べる場合には、商品棚《だな》の手前にある商品を取ることをすすめる取り組みだって。」

木山：「そうなんだね。でも、商品棚の手前にある商品を取ることと、食品ロスを減らすことには、どのような関係があるのかな。」

先生：「〔資料2〕と〔資料3〕をもとに考えると、食品ロスを減らすために『てまえどり』をすすめる理由が分かりませんか。」

木山：「そうか、[ ]」

〔資料1〕『てまえどり』を呼《よ》びかける広告

〔資料2〕賞味期限のあつかいについて

賞味期限とは、おいしく食べることができる期限のことである。賞味期限を過ぎた商品は、すぐに食べられなくなるわけではないが、捨てることにしているお店が多い。

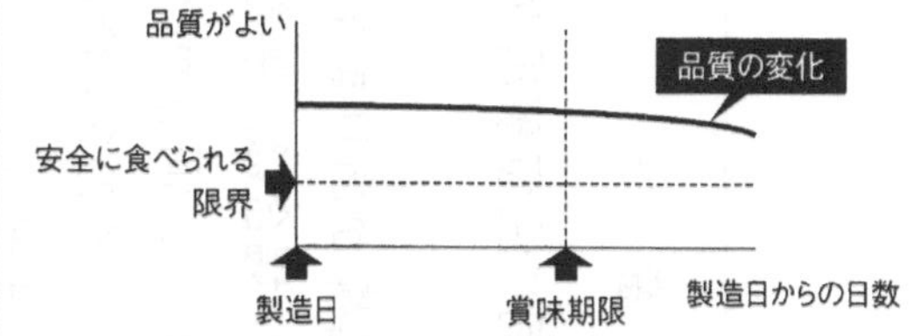

参照：消費者庁《しょうひしゃちょう》「期限表示」

〔資料3〕商品の並《なら》べ方について

コンビニエンスストアなどでは、現在並べられている商品の後ろ（奥《おく》の方）に新しく仕入れた商品を並べる。特に、食品などを並べるときの基本となる。

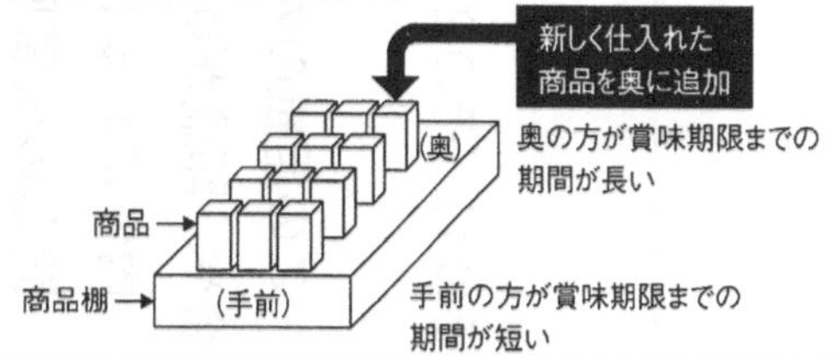

木山さんは、会話の中のそうか、に続けて [ ] で、食品ロスを減らすために『てまえどり』をすすめる理由について〔資料2〕と〔資料3〕の二つの資料をもとにして説明しています。あなたが木山さんだったら、どのように説明しますか。次の [ ] にかきましょう。

適性検査Ⅱ・作文
（その２）

検査番号
氏　名

＜　注　意　＞

（その１）（その２）の表紙には、同じ注意事項が書かれています。

1　この用紙の内側に問題と解答欄《らん》があります。やぶれている場合や、印刷がはっきりしていない場合は、手をあげてください。

2　内側にある ※　　　　 には、何もかいてはいけません。

3　問題の解答時間は（その１）、（その２）合わせて４０分です。どこから解答を始めてもかまいません。

4　「やめてください。」の合図で、すぐに筆記用具を置き、とじた状態で（その１）が上、（その２）が下になるように重ね、机《つくえ》の上に置いてください。

問2　木山さんたちは、これまでの学習を通して、これからは、自分たちができることから食品ロスを減らしていくことが大切であることに気づきました。そして、自分たちと食品との関わり方をふり返りました。

あなたは、なぜ食品ロスを減らしていくことが大切だと思いますか。また、あなたがこれから食品ロスを減らすために、どのような取り組みをやってみたいですか。取り組みの具体例を挙げ、次の【条件】に合わせて、解答用紙に三百字から四百字でかきましょう。

【条件】

次の①②についてかくこと ①　これまでの学習から、なぜ食品ロスを減らしていくことが大切だと思うか ②　これから、食品ロスを減らすために、どのような取り組みをやってみたいか

そのとき、次の【注意】にしたがって、解答用紙にかきましょう。

【注意】　◎　解答用紙には、題や氏名はかかないで、たてがきでかきましょう。
◎　一マス目からかき始めましょう。
◎　段落《だんらく》は変えないでかきましょう。
◎　句読点やかぎかっこは、一字と数えましょう。
◎　文章を見直すときには、次の（例）のように、付け加えたり、けずったり、かき直したりしてもかまいません。

（例）

朝の会で、私が司会をしているとき、友達が~~やさしく~~意見を~~言って~~だしてくれました。

解答用紙〕

300

400

検査番号

※

(2) 木山さんたちの班は、家庭の食品ロスの量の推《す》移《い》について、資料をもとに話し合っています。次の［　　］は、そのときの会話の一部です。

井上：「日本では、家庭の食品ロスの量を、二〇三〇年度までに二〇〇〇年度の半分に減らすという目標を立てているそうだよ。二〇〇〇年度が四百三十三万トンだったから、目《もく》標《ひょう》値《ち》は、二百十六万トンだね。**〔資料4〕**を見ると、各家庭の努力によって、食品ロスはどんどん減少していることが分かるね。」

高木：「二〇一五年度から二〇二〇年度の五年間で四十万トン以上減っているから、同じペースで減っていくと考えれば、二〇三〇年度には、百六十九万トンになり、目標は十分に達成できそうだよ。」

木山：「そのようにも考えられるけど、私は少し心配だな。グラフの見方にはいろいろあるから、最新の情報に着目して、二〇二〇年度から二〇二一年度の一年間で減った量をもとに考えてみると、目標が達成できないかもしれないよ。**それはね、**［　　］」

〔資料4〕家庭の食品ロスの量の推移と目標値

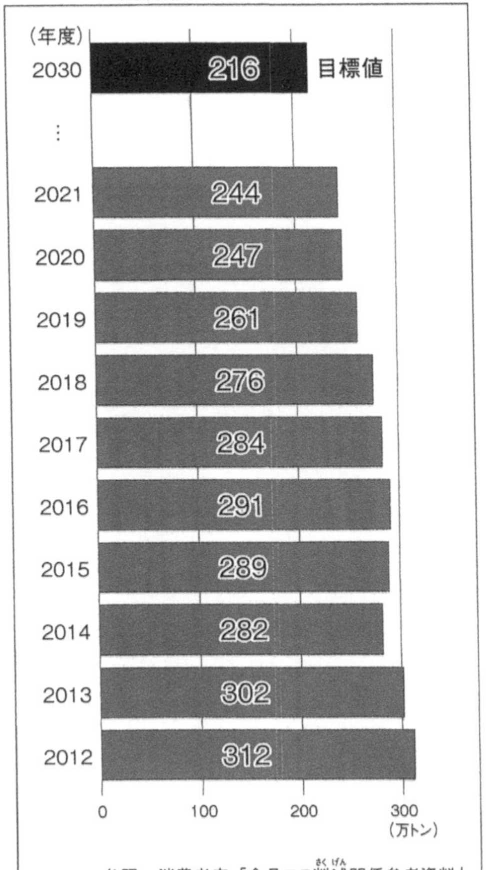

参照：消費者庁「食品ロス削《さく》減《げん》関係参考資料」

木山さんは、会話の中の**それはね、**に続けて、［　　］で、目標値の二百十六万トン以下にならないかもしれないと考えた理由を、**〔資料4〕**をもとに説明しています。あなたが木山さんだったら、どのように説明しますか。**〔資料4〕**のどこに着目して考えたのかを明らかにして、次の［　　］にかきましょう。

［　　］

※

検査番号	

問２　森口さんたちの班は、木工所で寄木のコースターづくり〔資料２〕を体験しています。次の［　　　］は、そのときの会話の一部です。

〔資料２〕寄木のコースター

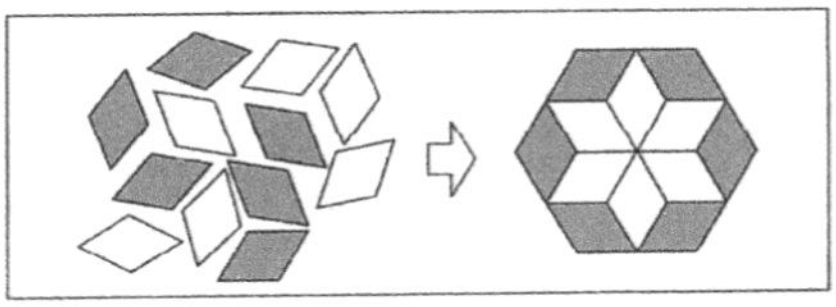

職人：「ここでは、**ア**～**エ**の三角形や四角形（**図１**）をしきつめて正六角形のコースターを作ります。」
森口：「私《わたし》は、**ア**の正三角形と**イ**のひし形の２種類で作ってみたいです。」
職人：「**ア**と**イ**の辺の長さはすべて等しく、**ア**を２まい並《なら》べると**イ**になります。それらをしきつめていくと正六角形になりますよ。」
森口：「**ア**を集めると小さな正六角形ができました。さらに**ア**と**イ**を使ってもっと大きな正六角形を作ることはできますか。」
職人：「はい。森口さんが作った正六角形をこの台紙の真ん中に置いて（**図２**）、その周りに**ア**と**イ**を［　　　］まいずつしきつめてもできます。」
田中：「私は、**ウ**と**エ**の二等辺三角形だけを使ってコースターを作りたいな。おすすめはありますか。」
職人：「**ウ**を18まい使うとできます（**図３**）。きれいに作るには、その18まいのうち８まいを**エ**と入れかえて、線対《たい》称《しょう》であり点対称でもある図形にするといいですよ。」
田中：「ありがとうございます。その方法で、作ってみます。」

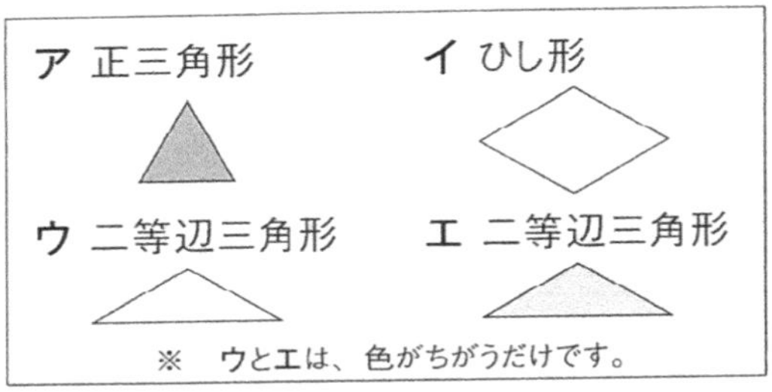

図１

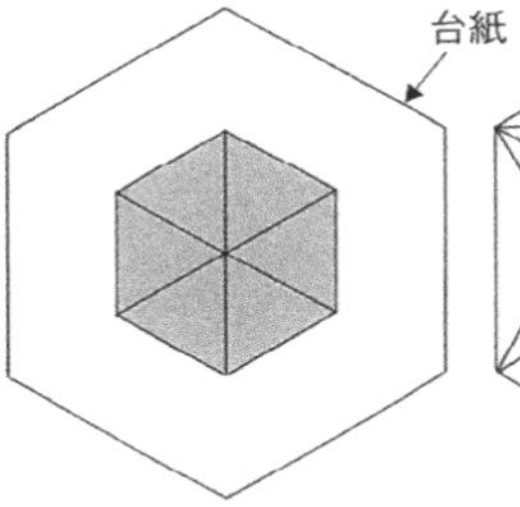

図２

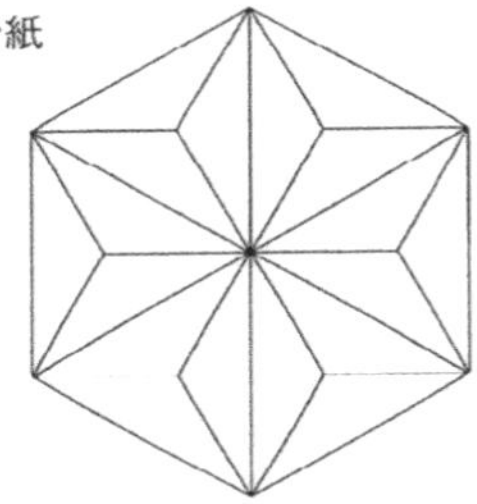

図３

（１）　会話の中の［　　　］に入る数を、次の［　　　］にかきましょう。

［　　　　］まいずつ

（２）　下の［　　　］の図形に、**エ**の二等辺三角形を使った部分に色をぬって、田中さんが作ろうとしている模《も》様《よう》を３つ作りましょう。ただし、回転すると同じものは１つとします。また、色をぬるときは、はみださないように注意しましょう。

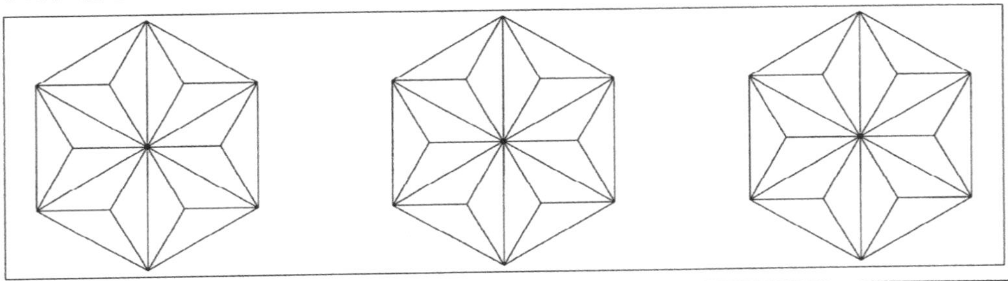

検査番号	

※

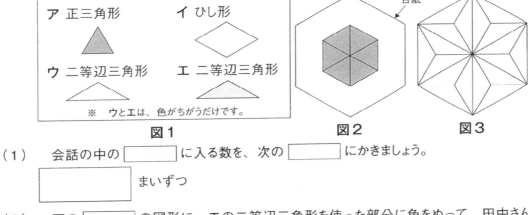

問2　山下さんと祖母は草が生えないように、地面をおおうシートにUピン杭《くい》（**図3**）を打っていました。途《と》中《ちゅう》でUピン杭を抜《ぬ》くために、棒《ぼう》を使ってUピン杭を少し引き上げようとした（**図4**）ところ、祖母が「もっと小さな力で引き上げる方法があるよ。」と教えてくれました。

〔Uピン杭〕

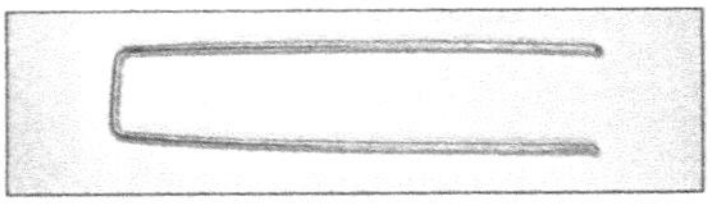

図3

〔Uピン杭を引き上げる様子〕

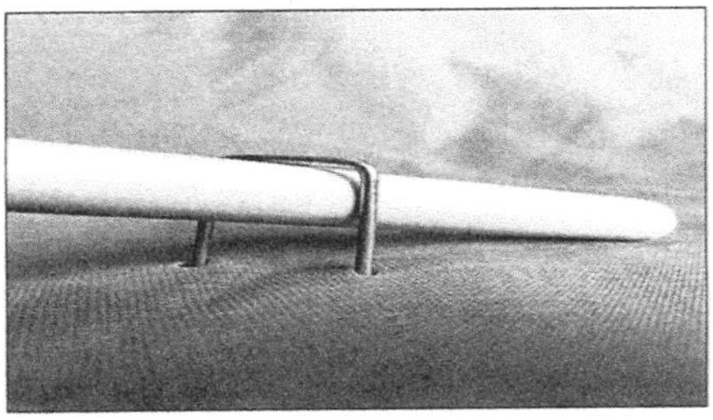

図4

〔山下さんの方法〕

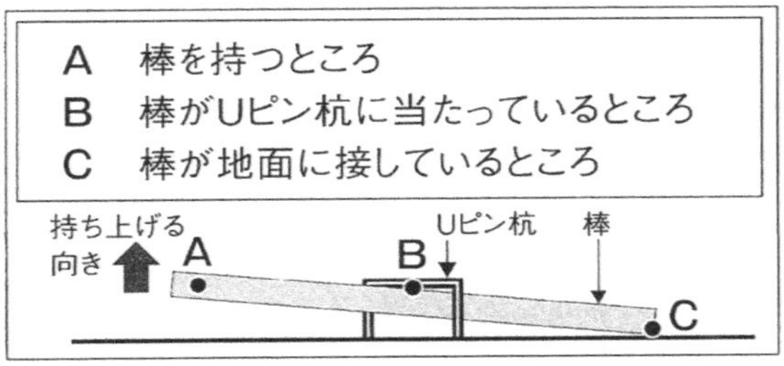

A	棒を持つところ
B	棒がUピン杭に当たっているところ
C	棒が地面に接しているところ

図5

山下さんは、下の**ア**～**エ**の方法を試《ため》してみました。

ア（図**5**の**B**を変えずに**A**を変える）

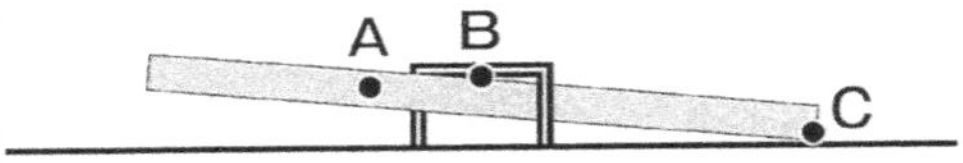

イ（図**5**の**A**を変えずに**B**を変える）

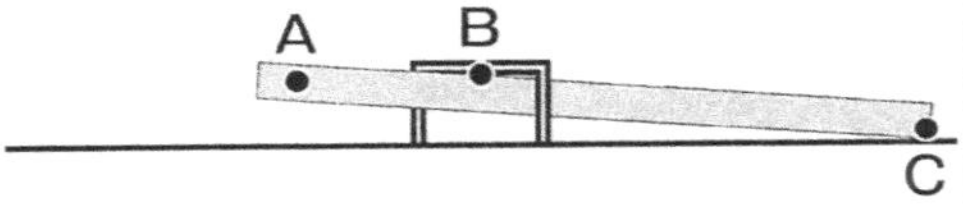

ウ（図**5**の**A**を変えずに**B**を変える）

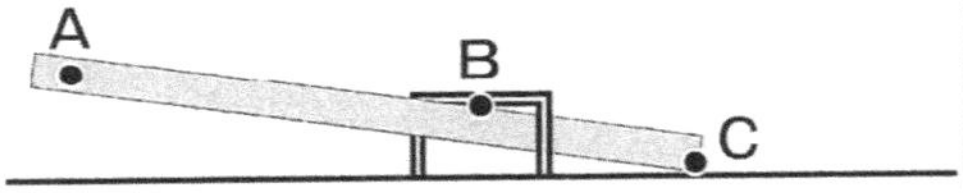

エ（図**5**の**A**も**B**も両方とも変える）

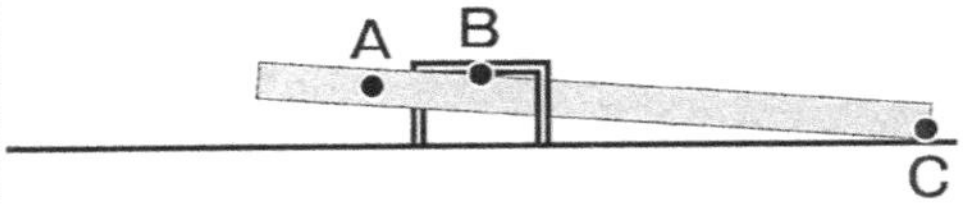

※　棒の長さはすべて同じものとします。

下の［　　　］の【支点】には、**図5**の中で支点の場所がどこか、**A**～**C**の中から1つ選んで記号をかき、【方法】には、**図5**の方法よりも小さな力で引き上げることができた方法はどれか、**ア**～**エ**の中から1つ選んで記号をかき、【理由】には、その方法を選んだ理由をかきましょう。そのとき、【理由】については、次の「　」の中のすべての言葉を必ず1回以上使ってかきましょう。

「　作用点　　きょり　」

【支点】	【理由】
【方法】	

検査番号		※

［福岡県立］
育徳館中学校
門司学園中学校
宗像中学校
嘉穂高等学校附属中学校
輝翔館中等教育学校

令和５年度

適　性　検　査　Ⅰ

（その１）

検査番号
氏　名

＜ 注　意 ＞

（その1）（その2）の表紙には、同じ注意事項が書かれています。

1　この用紙の内側に問題と解答欄《らん》があります。やぶれている場合や、印刷がはっきりしていない場合は、手をあげてください。

2　内側にある ※ には、何もかいてはいけません。

3　問題の解答時間は（その1）、（その2）合わせて４０分です。どこから解答を始めてもかまいません。

4　「やめなさい。」の合図で、すぐに筆記用具を置き、とじた状態で（その１）が上、（その２）が下になるように重ね、机《つくえ》の上に置いてください。

（配点非公表）

1 木村さんは、夏休みに兄や弟と一緒《いっしょ》に過ごしています。

問１　家族との外出から帰ってきた木村さんがアイスクリームを取るために冷凍室《れいとうしつ》を引き出すと、引き出した部分の下側に白い煙《けむり》のようなもの（**図１**）が現れました。

　下は、白い煙のようなものが現れた理由を兄にたずねているときの、木村さんと兄との会話の一部です。

【冷蔵庫《れいぞうこ》を横から見た図】

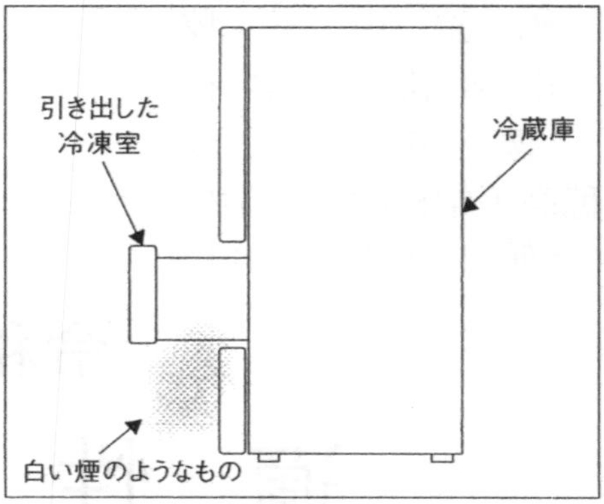

図１

木村さん：白い煙のようなものは、冷凍室の中から出てきたのかな。

兄：そうではなくて、冷凍室を引き出したことで、冷蔵庫の外にあったものが、目に見えるすがたになって、白い煙のように見えているんだよ。湯気の現れ方に似ているね。

木村さん：湯気は水を熱したときに現れるものでしょ。

兄：そうだね。でも、冷たいコップの表面に現れる水てきも、目に見えるすがたになって、見えているんだよ。湯気や水てきの現れ方をもとに、空気中の何がどのように変化して、白い煙のように見えたのか考えてごらん。

木村さん：**そうか、**［　　　］

　木村さんは会話の中の **そうか、** に続けて［　　　］で、「白い煙のようなものが現れた理由」を説明しています。あなたが木村さんだったら、どのように説明しますか。空気中の何がどのように変化したのかを、その変化が起こった原因とともに、下の［　　　］にかきましょう。

5.1

適 性 検 査 Ⅰ
（その２）

検査番号
氏 名

＜ 注 意 ＞

（その１）（その２）の表紙には、同じ注意事項が書かれています。

1　この用紙の内側に問題と解答欄《らん》があります。やぶれている場合や、印刷がはっきりしていない場合は、手をあげてください。

2　内側にある ※ には、何もかいてはいけません。

3　問題の解答時間は（その１）、（その２）合わせて４０分です。どこから解答を始めてもかまいません。

4　「やめなさい。」の合図で、すぐに筆記用具を置き、とじた状態で（その１）が上、（その２）が下になるように重ね、机《つくえ》の上に置いてください。

2

山本さんたち６年生は、１年生をむかえる会の準備をしています。

問１　山本さんたちは、**図１**のように会場のステージに「1ねんせいを むかえるかい」とかいた題字の紙を掲示《けいじ》することにしました。題字の紙をはる掲示用の棒《ぼう》の長さは 6.34m あります。

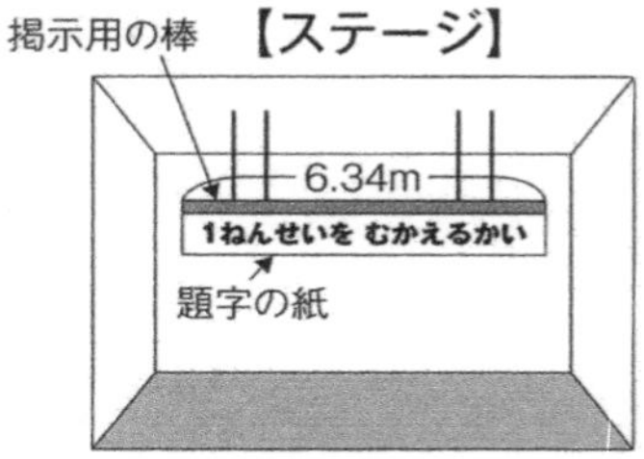

図１

題字の紙は、横の辺の長さが 109.1cm の長方形の模造紙《もぞうし》（**図２**）を何枚《まい》か使います。**図３**のように、模造紙の 109.1cm の辺が上下になるようにして、隣《となり》の模造紙と少し重ねます。そして、その重なりをのりしろとし、模造紙を横につなげて作ります。

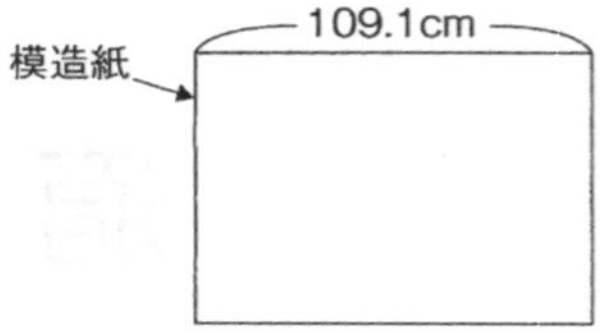

図２

山本さんは、模造紙をつなぎ合わせた題字の紙の長さが、掲示用の棒の長さをこえないで、できるだけ掲示用の棒の長さと近い長さになるように作りたいと考えています。また、作業の手間を考えて、模造紙を切らずに、できるだけ少ない枚数で作ることと、重なりのはばをすべて同じ長さにすることを決めました。

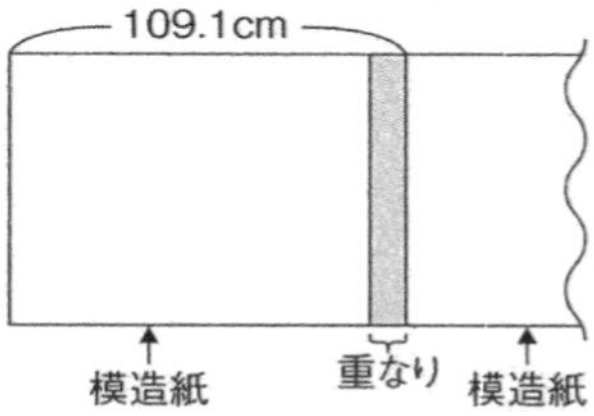

図３

山本さんは、題字の紙を作るために必要な模造紙の枚数と重なりのはばを求めました。あなたが山本さんだったら、模造紙の枚数と重なりのはばをどのように求めますか。【求め方】と【枚数】と【重なりのはば】を下の □ にかきましょう。【求め方】は、式と言葉でかきましょう。必要があれば図をかいてもかまいません。

また、【重なりのはば】は、題字の紙が掲示用の棒からはみ出さないように気をつけ、単位はcmとし、$\frac{1}{10}$の位（小数第１位）までの小数で表しましょう。

【求め方】

【枚数】　　　　枚　　【重なりのはば】　　　　cm

適性検査Ⅱ・作文
（その１）

検査番号
氏　名

< 注　意 >

（その1）（その2）の表紙には、同じ注意事項が書かれています。

1　この用紙の内側に問題と解答欄《らん》があります。やぶれている場合や、印刷がはっきりしていない場合は、手をあげてください。

2　内側にある ※ には、何もかいてはいけません。

3　問題の解答時間は（その1）、（その2）合わせて４０分です。どこから解答を始めてもかまいません。

4　「やめなさい。」の合図で、すぐに筆記用具を置き、とじた状態で（その１）が上、（その２）が下になるように重ね、机《つくえ》の上に置いてください。

（配点非公表）

3 井上さんの学級では、総合的な学習の時間に「住みよい社会にするために」というテーマで、班《はん》に分かれて学習しています。

問1 井上さんたちは、環境《かんきょう》について調べている班です。

（1） 井上さんたちの班は、自分たちの住むA町が行っている「一人一人が取り組むごみスリム化運動」について、資料をもとに話し合っています。次の［　　］は、そのときの話し合いの一部です。

井上：「A町のごみスリム化運動の成果はあったのかな。」
山本：「**〔資料1〕**を見ると、二〇〇九年度から二〇一九年度までは、A町のごみスリム化運動の成果はあまり見られなかったと思うよ。」
川上：「**〔資料1〕**を見ると、確かにそう思えるね。でも、**〔資料1〕**と**〔資料2〕**を関連付けて見ると、A町のごみスリム化運動の成果はあったと言っていいと思うよ。**それはね、**［　　］」

〔資料1〕 A町の一《いっ》般《ぱん》廃《はい》棄《き》物《ぶつ》の総《そう》排《はい》出量《しゅつりょう》
※ 一般廃棄物とは、おもに家庭から出るごみのことです。

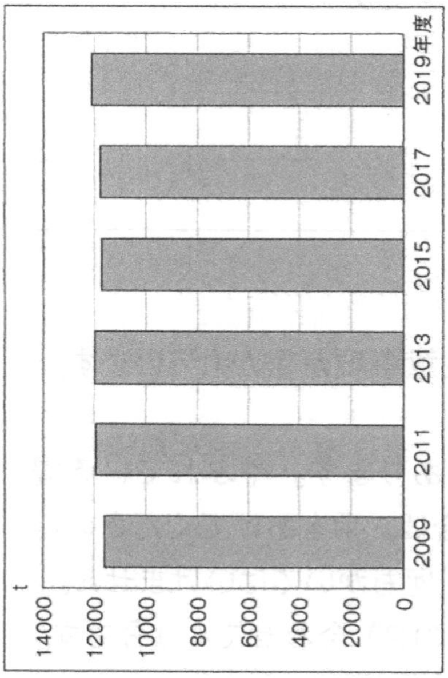

〔資料2〕 A町の人口推移《すいい》

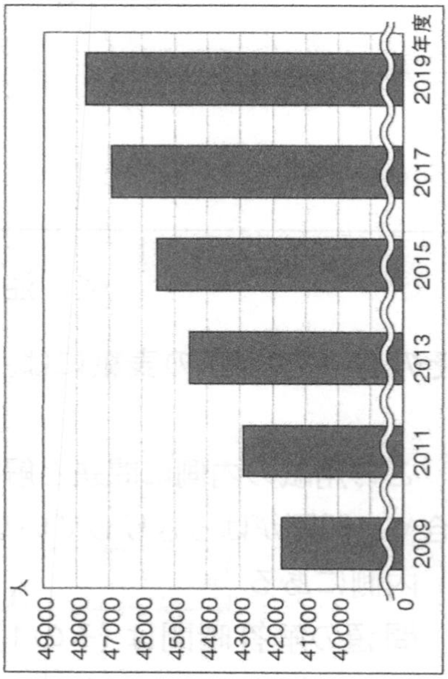

川上さんは、発言の中の**それはね、**に続けて、［　　］で、A町のごみスリム化運動の成果はあったと言っていいと思う理由を、**〔資料1〕**と**〔資料2〕**を関連付けて分かることから説明しています。あなたが川上さんだったら、どのように説明しますか。次の［　　］にかきましょう。

適性検査Ⅱ・作文
（その２）

検査番号
氏　名

＜　注　意　＞

（その1）（その2）の表紙には、同じ注意事項が書かれています。

1　この用紙の内側に問題と解答欄《らん》があります。やぶれている場合や、印刷がはっきりしていない場合は、手をあげてください。
2　内側にある ※ には、何もかいてはいけません。
3　問題の解答時間は（その1）、（その2）合わせて４０分です。どこから解答を始めてもかまいません。
4　「やめなさい。」の合図で、すぐに筆記用具を置き、とじた状態で（その１）が上、（その２）が下になるように重ね、机《つくえ》の上に置いてください。

問2　井上さんたちは、この学習を通して、一人一人ができることに取り組むことが住みよい社会をつくることに気づきました。そして、学校生活での自分たちの取り組みをふり返りました。

あなたは小学校生活で、よりよい学級や学校にするためにどんなことに取り組みましたか。また、その経験から学んだことを中学校でどのように生かしたいですか。次の【条件】に合わせて、原稿《げんこう》用紙に三百字から四百字でかきましょう。

【条件】

あなたが経験したことや身近な出来事《できごと》をもとに、次の①②についてかくこと
① 小学校生活で、よりよい学級や学校にするためにどのようなことに取り組んだか
② ①を通して学んだことを中学校でどのように生かしていきたいか

そのとき、次の【注意】にしたがって、原稿用紙にかきましょう。

【注意】
◎ 原稿用紙には、題や氏名はかかないで、たてがきでかきましょう。
◎ 一マス目からかき始めましょう。
◎ 段落《だんらく》は変えないでかきましょう。
◎ 句読点やかぎかっこは一字と数えましょう。
◎ 文章を見直すときには、次の（例）のように、付け加えたり、けずったり、かき直したりしてもかまいません。

（例）

朝の会で、{私が}司会をしているとき、友達が~~やさしく~~意見を~~言って~~出してくれました。

〔原稿用紙〕

300

400

検査番号

※

（2）　井上さんたちは、清掃《せいそう》工場の方へインタビューしたことと資料をもとに、話し合いを続けています。次の［　　　］は、話し合いの一部です。

井上：「清掃工場の方が、町のごみ処理《しょり》についての課題の一つは、家庭から出るごみが重いとその運ぱんに使われる燃料が多く必要になることだとおっしゃっていたね。」

山本：「もう一つの課題は、家庭から出るごみが燃えにくいとその焼却《しょうきゃく》に燃料が多く必要になることだと分かったね。」

木村：「その二つの課題の解決のために、生ごみの水分をよく切る水切りをしてほしいと言われていたね。」

井上：「そうだね。**〔資料３〕**を見ると、家庭から出るごみの中で、生ごみが一番重いことが分かるよ。だから、生ごみを出す時に工夫《くふう》が必要なんだね。」

木村：「だけど、この二つの課題の解決と生ごみの水切りがどのように関係しているのかな。」

山本：「**〔資料４〕**を見ると、生ごみにふくまれる水分の割合《わりあい》が分かるよ。」

先生：「そうですね。**〔資料４〕**だけでなく、清掃工場の方からいただいた**〔資料５〕**も見てごらん。ろ紙にふくませる水分量が増えると燃えつきるまでにかかる時間がどのようになるかを考えたら、分かることがありませんか。」

木村：「**そうか、**［　　　］」

〔資料3〕一般廃棄物全体の重さにしめる種類ごとの割合

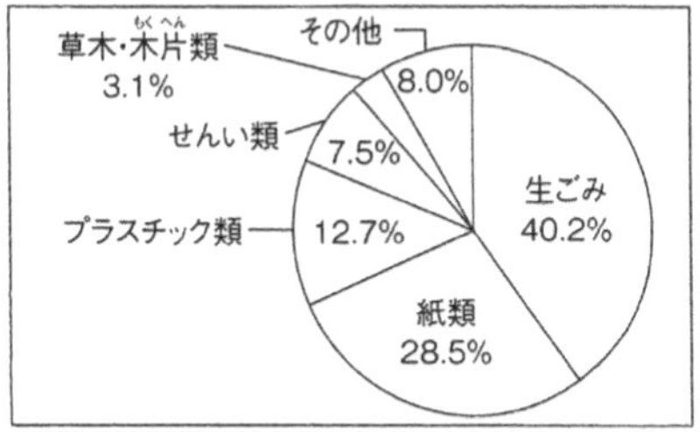

〔資料4〕ごみの種類別の全体の重さにしめる水分の割合

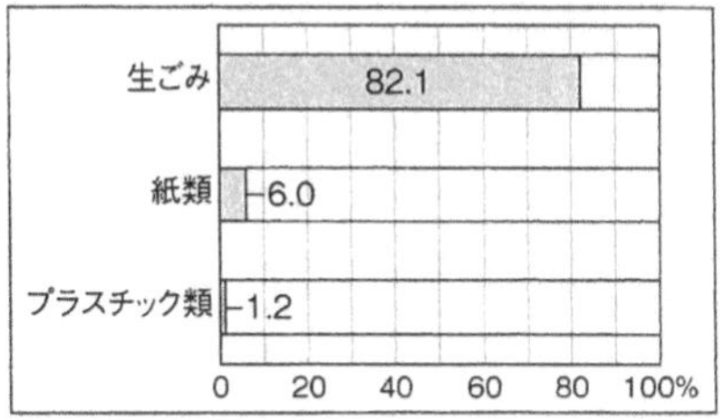

〔資料5〕水分をふくんだろ紙が燃えつきるまでにかかる時間

水分量(滴《てき》)	0	2	4
平均時間(秒)	4.8	15.4	24.2

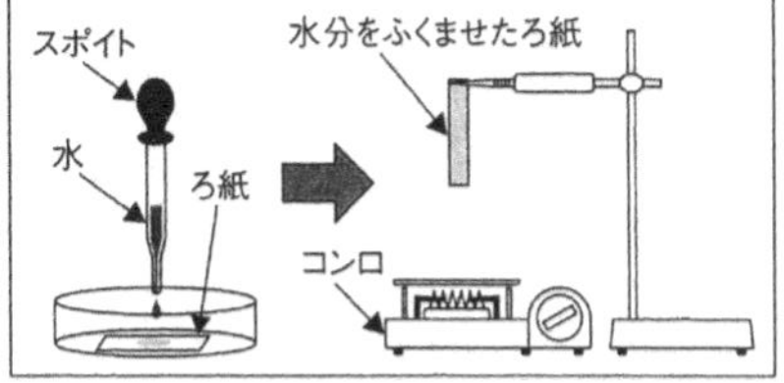

木村さんは、発言の中の **そうか、** に続けて、［　　　］で、生ごみの水切りが町のごみ処理についての二つの課題の解決につながることを**〔資料４〕**と**〔資料５〕**を使って説明しています。あなたが木村さんだったら、どのように説明しますか。次の［　　　］にかきましょう。

※

検査番号

問２　次に、山本さんたちは、１年生をむかえる会で、１年生にわたすメッセージカードについて考えています。

山本さんは、**図４**のように、４マスに等しく仕切られたマス目のある正方形の紙に、線を引いて図形をかきました。そして、図形を切り取り、２つに折るとぴったり重なるメッセージカードを作りました。

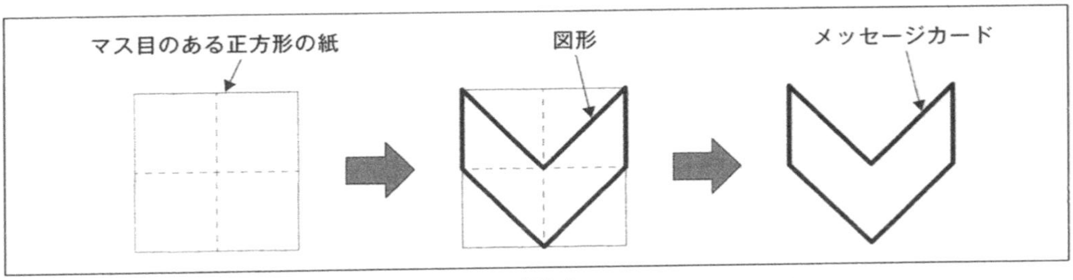

図４

山本さんたちは、**図４の図形**の他にも、いろいろな図形のカードを作るために話し合い、次の □ の【きまり】にしたがって図形をかくことにしました。

【きまり】

- ○　メッセージをかける面積がみんな同じになるように、**図４の図形**と同じ面積の図形をかく。
- ○　2つに折るとぴったり重なる図形をかく。
- ○　同じ図形をいくつも簡単《かんたん》に切り取ることができるように、図形のすべての頂点《ちょうてん》は、**図５の正方形**に示す９つの点（●）のいずれかとし、直線で囲まれた図形をかく。
- ○　**例１**のように、ある図形を回転させた図形は、もとの図形と同じなのでかかない。
- ○　**例２**のように、図形が分かれていて、頂点で接《せっ》している図形はかかない。

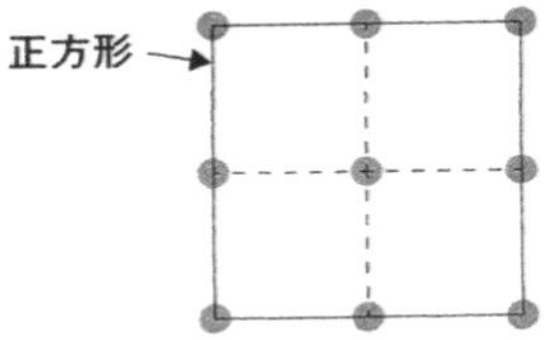

図５

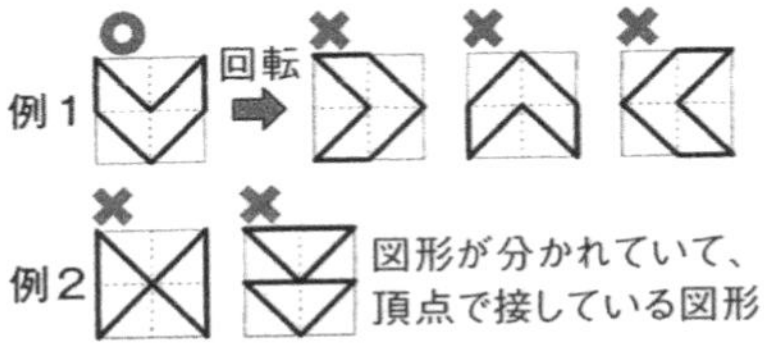

山本さんたちが確認《かくにん》すると、**図４の図形**の他に５種類の図形をかくことができるとわかりました。下の □ の正方形に、**図４の図形**の他に、【きまり】にしたがって図形を５つかきましょう。図形をかくときは、できるだけまっすぐな線でかきましょう。

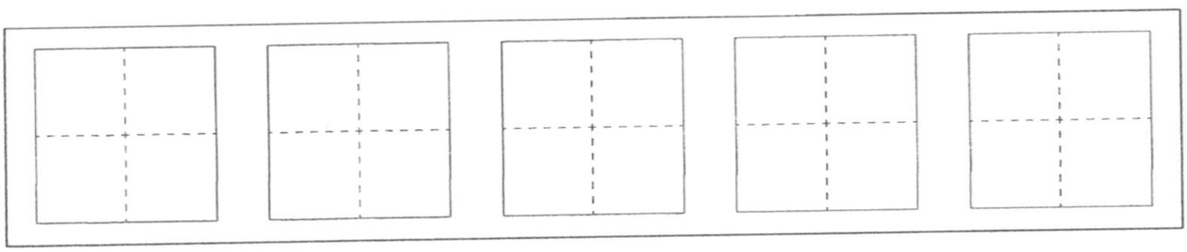

検査番号	

※

問２　木村さんは、運指表《うんしひょう》（指づかい）を使ってリコーダーを吹《ふ》く弟の様子を見ています。低い音から順に音を出していくとき、穴《あな》をふさいでいる部分（**図２**）の長さが変化していることに気づいた木村さんは、その長さが音の高さに関係していると考えました。そのことを兄に伝えると、「空気の出口がない部分の長さが音の高さに関係していると予想したんだね。ストローで作った笛（**図３**）で確かめられるから試《ため》してごらん。」と言って、家にあったストローで下の**ア**～**エ**の笛を作ってくれました。

そこで木村さんは、予想を確かめるために、高い音と低い音が出ると考えた笛をそれぞれ選び、同じ強さで息を吹いたときの音の高さを比べることにしました。

あなたが木村さんだったら、下の**ア**～**エ**のどの笛とどの笛を選びますか。

下の［　　　］の【選んだ笛】には、選んだ笛の記号をかき、【理由】には、その2つの笛でなければ予想を確かめることができない理由をかきましょう。

【運指表（指づかい）の一部】

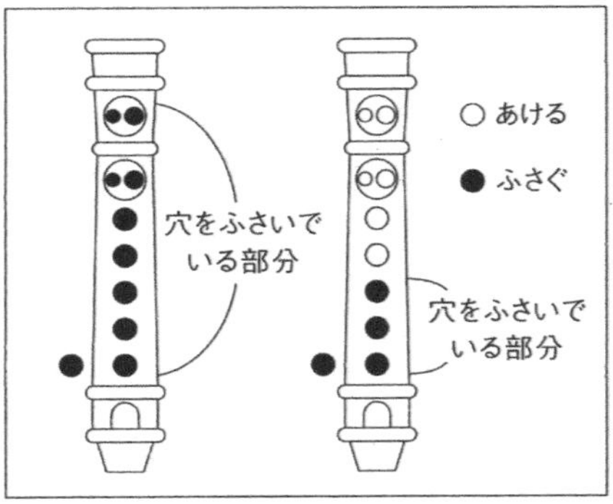

図２

【ストローを使った笛の作り方】

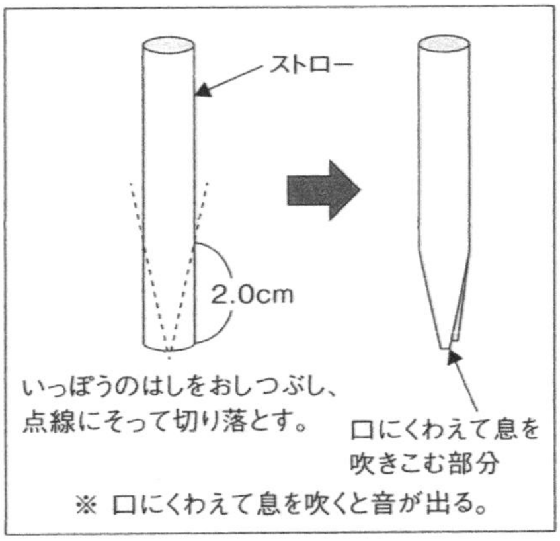

図３

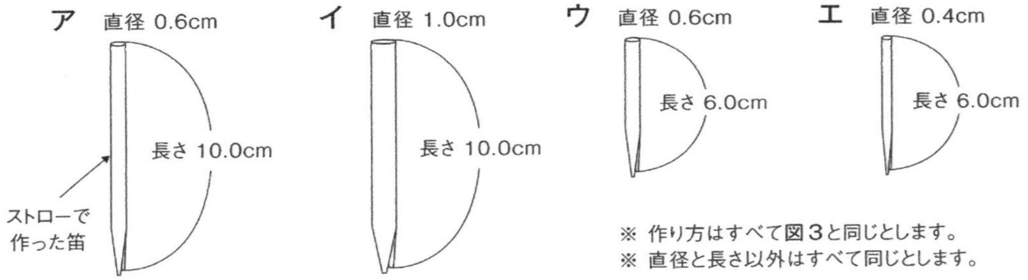

※ 作り方はすべて図３と同じとします。
※ 直径と長さ以外はすべて同じとします。

【選んだ笛】（　　　　　）と（　　　　　）
【理由】

検査番号		※

［福岡県立］
育徳館中学校
門司学園中学校
宗像中学校
嘉穂高等学校附属中学校
輝翔館中等教育学校

令和４年度　適性検査

（時間　50分）

＜注意＞

1　検査用紙は、表紙（この用紙）をふくめて４枚《まい》あります。

2　検査用紙の枚数が不足していたり、やぶれていたり、また、印刷がはっきりしていない場合は、手をあげなさい。

3　検査用紙の２枚目から４枚目の右上にある［※　　　］には、何もかいてはいけません。

4　適性検査は、どこから始めてもかまいません。

5　「やめなさい。」の合図で、すぐに筆記用具を置き、検査用紙は表紙を上にして机《つくえ》の上に置きなさい。

6　検査用紙を持ち帰ることはできません。

（配点非公表）

検査番号		氏名	

検査番号	

※

1

木村さんは、米や野菜を作っている祖父母の家へ、毎月手伝いに来ています。

問1　10月は稲《いね》かりの手伝いとして、田んぼで**図１**のように、束ねた稲をかけて干《ほ》しています。稲をかける棒《ぼう》が、どれも同じ向きになっていることに疑問《ぎもん》をもった木村さんは、祖父にたずねました。すると祖父が、「稲をかける棒のはしの方から干している稲を見る(**図２**)と、束ねた稲が右側と左側に半分ずつ分かれているでしょ。稲をかける棒をこの向きにすることで、右側と左側のそれぞれの稲に日光が当たっている時間の差が小さくなり、束ねた稲の両側が同じように乾燥《かんそう》するんだよ。」と教えてくれました。

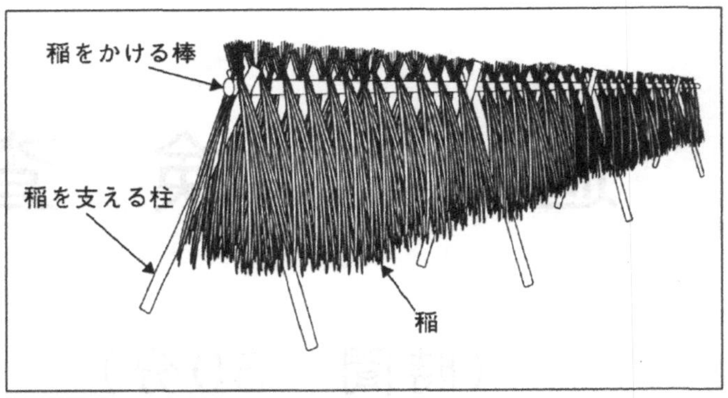

図１

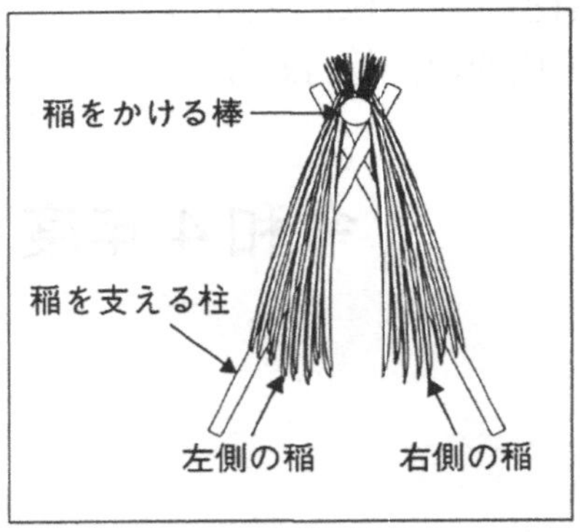

図２

　このときの稲をかける棒の向きは、**図３**の㋐・㋑のどちらですか。次の ＿＿ の【向き】には㋐か㋑の記号をかき、【理由】には「右側と左側のそれぞれの稲に日光が当たっている時間の差が小さくなる理由」を、１日の太陽の動きを明らかにしてかきましょう。

【稲をかける棒の向きを示した図】

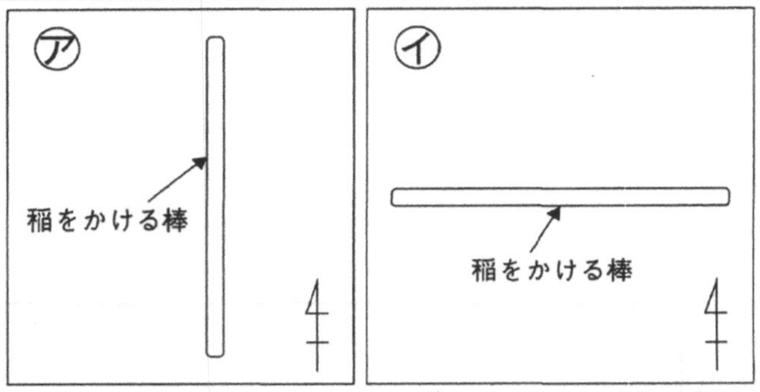

※　田んぼのまわりには、日かげをつくる高い建物や木、山などはないものとします。

図３

【向き】　（　　　　　）

【理由】

問2　12月、木村さんは、**図4**のようにタマネギの苗《なえ》のまわりに、干した稲から「もみ」をとったあとの「わら」をしく手伝いをすることになりました。次の ＿＿ は、そのときの会話の一部です。

木村：「夏、トマトの苗のまわりにもわらをしいたけど、何のためにしいているのかな。」
祖母：「うちでは、夏は昼間の土の温度が気温以上に上がりすぎないよう、冬は寒い日の夜に土の温度が下がりすぎないようにするためにしいているんだよ。」
木村：「同じわらなのに、どうしてそうなるのかな。」
祖母：「わらは、夏、晴れた日にかぶるぼうしと同じやくわりをしていて、冬、寒い日につける手ぶくろと同じやくわりをしているんだよ。」
木村：「**そうか、** ＿＿ 」

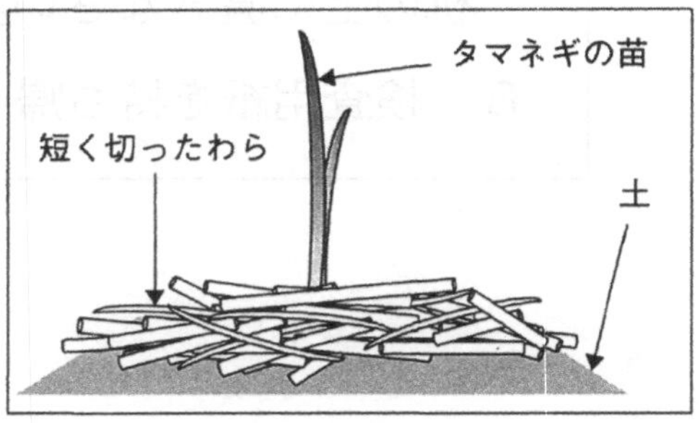

図４

　木村さんは会話の中の **そうか、** に続けて ＿＿ で、「祖母のぼうしの話をもとに考えた、わらをしくことが、夏に昼間の土の温度を上がりにくくする理由」と、「祖母の手ぶくろの話をもとに考えた、わらをしくことが、冬に夜の土の温度を下がりにくくする理由」をそれぞれ説明しています。あなたが木村さんだったら、どのように説明しますか。下の ＿＿ にかきましょう。

検査番号	

※

2　山本さんの小学校では、日曜日に運動会がおこなわれます。

問1　金曜日の夕方、山本さんは運動会のお弁当の足りない食材を家族と買いに行くことになりました。買い物に行く前に、家族から買い物メモ、A店とB店の広告の一部、そしてC店のクーポン券《けん》をわたされ、店をいくつか回ってもよいので、買い物メモの品物だけをすべて買ったときに代金が最も安くなる買い方を調べるようお願いされました。

買い物メモ

ウインナー　2ふくろ
ミートボール　3ふくろ
たまご　1パック

A店

運動会応援《おうえん》セール（すべて税込《こみ》）

ウインナー
1ふくろ通常価格210円が、2ふくろで360円
ミートボール
1ふくろ通常価格98円が、3ふくろで250円
たまご
1パック通常価格155円が、120円

B店

全品、通常価格の10%引《びき》

ウインナー　1ふくろ　通常価格200円
ミートボール　1ふくろ　通常価格100円
たまご　1パック　通常価格160円
（すべて税込）

C店

お得なクーポン
（すべて税込）
※1度にすべて使えます

ウインナー
通常価格1ふくろ225円が
1ふくろ205円
※2ふくろまで買えます。

ミートボール
2割引《わりびき》
通常価格1ふくろ100円
※3ふくろまで買えます。

たまご以外の店内商品税込300円以上買うとたまご1パック半額
通常価格1パック200円

　調べてみると、代金が最も安くなる買い方は一つではないことが分かりました。山本さんは、その中で回る店の数が最も少なくてすむ買い方に決めました。あなたが 山本さんだったら、買い物メモの品物をどの店で買いますか。【何をどの店で買うか】と【合計の代金】を、次の ＿＿ にかきましょう。

【何をどの店で買うか】
ウインナー　２ふくろ　（　　）店、　ミートボール　３ふくろ　（　　）店、　たまご　１パック　（　　）店

【合計の代金】　　　　　円

問2　先生と山本さんたちは、運動会の係打ち合わせをしています。山本さんたちは3年生のかけっこの担当です。次の ＿＿ は、そのときの会話の一部です。

先生：「かけっこは、スタートからゴールまで同じコースを半周走る競技です。コースの間隔《かんかく》は1mで、トラックは長方形と2つの半円を合わせた形です（**図**）。3年生は4つのコースを使って一度に3人以上、全員で61人が走ります。山本さんと川上さんはゴールテープの担当ですね。」
山本：「はい。61人だと、何回ゴールテープを準備すればいいのかな。」
川上：「計算するからちょっと待って。最も少なくて ＿＿ 回だね。」
山本：「川上さんありがとう。先生、ところで、2コースから4コースのスタートの位置は、どうして前にずれているのですか。」
先生：「スタートの位置を1コースと同じにすると、外側のコースの方が走る長さが長くなるからだよ。スタートを同じ位置にすると、走る直線の長さは同じになるので、増えていくのは半円の周りの長さだよね。コースが1つ外になるごとに半円の周りの長さが3.14mずつ増えていくんだよ。コースの間隔が1mだったら、小さなトラックでも、大きなトラックでも、どんな大きさのトラックでも半周走るときのスタートの位置は3.14mずつ前にずらせばいいんだよ。」

（1）　会話の中の ＿＿ に入る数を次の ＿＿ にかきましょう。ただし、かけっこは**図**のコースを使って1人1回走り、ゴールテープは毎回準備します。

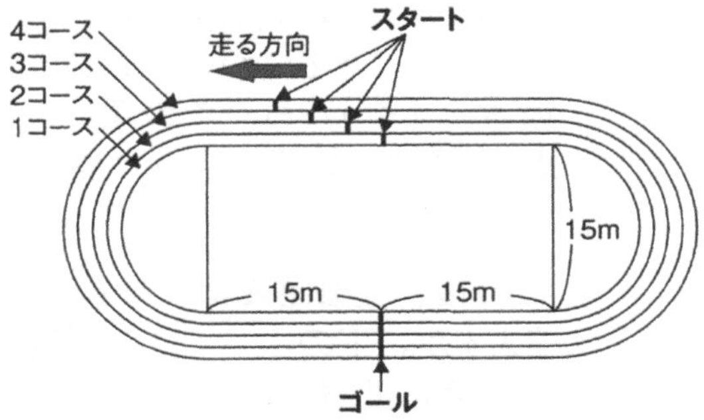

図

（2）　この会話をふまえて、コースの間隔が1mの場合、どんな大きさのトラックでも、コースが1つ外になるごとに半円の周りの長さが3.14mずつ増えることを、下の ＿＿ に式や言葉を使って説明しましょう。ただし、円周率は3.14とし、コースとコースを分けるラインの幅《はば》は考えないこととします。

検査番号	

※

3　上田さんの学級では、総合的な学習の時間に「インターネットとわたしたちのくらし」というテーマで学習をしています。上田さんの班《はん》では、「わたしたちのインターネットの使い方」について調べています。

問１　上田さんの班では、学級のインターネットの利用時間の現状を知るためにアンケートをとり、その結果を整理しました。次の［　　］は、そのときの会話の一部です。

上田：「スマートフォンやパソコンをインターネットにつないで、ゲームをする、友だちとやりとりをする、動画を見たり音楽を聞いたりする、ホームページを見るなど、学級のみんなが１日にインターネットを使う時間を調べて結果をまとめたよ〔**資料１**〕。」
坂本：「１日の利用時間が2時間未満の人の割《わり》合《あい》が66.7％なのに、学級の１日の平均利用時間が2時間をこえることがあるのかな。」
小森：「利用時間が2時間未満の人の割合が50％以上なのに、平均利用時間が2時間より短くならないのはなぜかな。」
上田：「**それはね、**［　　］」
小森：「そうか。だから、平均利用時間が2時間をこえることがあるんだね。」

〔資料１〕学級のインターネット利用時間調査（学級全員36名調査）

質問：１日どれくらいの時間インターネットを使っていますか。（　　　）分

【１日の平均利用時間】　123.0分

【１日の利用時間別割合】

30分未満	30分以上 1時間未満	1時間以上 2時間未満	2時間以上
11.1％	30.6%	25.0%	33.3%

上田さんは、**それはね、**に続けて［　　］で、坂本さんや小森さんの疑《ぎ》問《もん》に答えて、平均利用時間が2時間をこえることがある理由を説明しています。あなたが 上田さんだったら、どのように説明しますか。次の［　　］にかきましょう。

［　　　　　　　　　　　　　　　　］

問２　上田さんの班では、学級のみんなにインターネットのよりよい使い方を伝えるために、子どものインターネット利用に関する家族の心配〔**資料2**〕と、学級のインターネット利用実態〔**資料3**〕を調査しました。次の［　　］は、その後の話し合いの一部です。

〔資料２〕子どものインターネット利用に関する家族の心配

子どものインターネット利用に関して家族が心配していること

・きけんな情報や有害な情報を見てしまうのではないか。
・まちがった情報や一部のかたよった考え方などを信じてしまうのではないか。
・家での利用時間が長くなり、生活リズムがみだれるのではないか。
・インターネット上の書きこみ等で相手をきずつけたり、きずつけられたりするのではないか。

〔資料３〕学級のインターネット利用実態調査（学級全員36名調査）

項《こう》目《もく》	はい	いいえ
① インターネット上で、人をきずつけたりいやな思いをさせたりしないよう気をつけている。	28	8
② インターネット上には、真実でない情報があるので、注意して使っている。	4	32
③ インターネットにつなぐコンピュータ等のソフトやアプリは、いつも最新の状態にしている。	16	20
④ インターネット上で、知らない人とトラブルになったことはない。	36	0
⑤ インターネットを使うときは、いつも利用料や代金を気にして使っている。	36	0
⑥ インターネットを使うときは、自分で長時間にならないように使っている。	6	30

坂本：「わたしたちのインターネット利用について、家族がどんなことを心配しているか分かったよ。」
小森：「学級の利用実態調査の項目はすべて、学級のみんながができるようになることをめざしたいね。まずは、できていない人の方が多い項目について、よりよい使い方を伝えるのはどうかな。」
坂本：「そうだね。その項目の中でも、家族の心配の内容と重なっているものが2つあるよ。」
上田：「では、その2つの項目にしぼって、インターネットをよりよく使うための具体的な行動をみんなに伝えようよ。そうすれば、家族も安心できるね。」

この後、上田さんは、学級のみんなに伝えることを原《げん》稿《こう》にまとめました。あなたが 上田さんだったら、どのようにかきますか。下の［　　］の【番号】には伝えると決めた〔**資料3**〕の項目の番号をそれぞれかき、【伝えること】にはその項目に関連した「実際の利用場面」と「よりよく使うための具体的な行動」をかきましょう。

【番号】（　　　）

【伝えること】

【番号】（　　　）

【伝えること】

作　文

（時間　四十分）

（表）

〈注　意〉

一　問題用紙は表面と裏面《うら》があります。また、原稿《げんこう》用紙は一枚《まい》あります。

二　問題用紙と原稿用紙がはっきりと印刷されていなかったり、やぶれていたりする場合は、手をあげなさい。

三　原稿用紙の右下にある ※ には、何も書いてはいけません。

四　「やめなさい。」の合図で、すぐに筆記用具を置き、問題用紙は表面を上にして机《つくえ》の上に置きなさい。

五　問題用紙を持ち帰ることはできません。

検査番号
氏　名

課題文

（裏）

次の文章を読んで、あとの問いに答えなさい。

四月になり、新しい学年になりました。
始業式のあと、担任《たんにん》の先生が次のようにお話しされました。

「いよいよ、最上級生である六年生になりましたね。小学校での最後の一年が、皆《みな》さんにとって充実《じゅうじつ》したものとなるように、先生から二点、話をします。
一点目は、基本的生活習慣についてです。
充実した学校生活を送るためには、学校での生活だけを頑張《がんば》ればよいというものではありません。家庭での過ごし方が、学校での生活に大きく関わってきます。
そこで、皆さんに家庭で心がけてほしいことがあります。それは『食事をしっかりととること』『適度な運動をすること』『睡眠《すいみん》・休養を十分にとること』の三つです。
二点目は、明日の学級活動についてです。
この一年間が、皆さんにとって充実した学校生活となるように、明日の学級活動で学級目標を決めましょう。どのような学級にしていきたいか考えてきてください。」

次の日の学級活動では、これからどのような学級にしていきたいかを話し合いました。話し合いの結果、「みんなが安心して過ごせる学級にしよう」という学級目標に決まりました。
さらに、学級目標を達成するために、みんなが具体的にどのような行動をすればよいかを話し合いました。

問一 担任の先生が話した、充実した学校生活を送るために「家庭で心がけてほしいこと」の三つの中で、今、あなた自身が一番取り組まなければならないと考えるものはどれですか。その理由と、どう取り組んでいくかもふくめて二百字から三百字で書きましょう。なお、理由については、あなたの経験をふまえて、具体的に書きましょう。

問二 「みんなが安心して過ごせる学級」とは、どのような学級だと考えますか。また、それはなぜですか。さらに、学級目標を達成するために、あなたができることは何ですか。具体的に二百字から三百字で書きましょう。

そのとき、次の【注意】にしたがって、原稿用紙に書きましょう。

【注意】 ◎ 原稿用紙には、題や氏名は書かないで、本文だけを書きましょう。
◎ 文章を見直すときには、次の〈例〉のように、付け加えたり、けずったり、書き直したりしてもかまいません。

〈例〉

朝の会で、私が司会をしているとき、友達が~~やさしく~~意見を~~言って~~出してくれました。

原稿用紙

検査番号

※

（配点非公表）

問一

200

300

問二

200

300

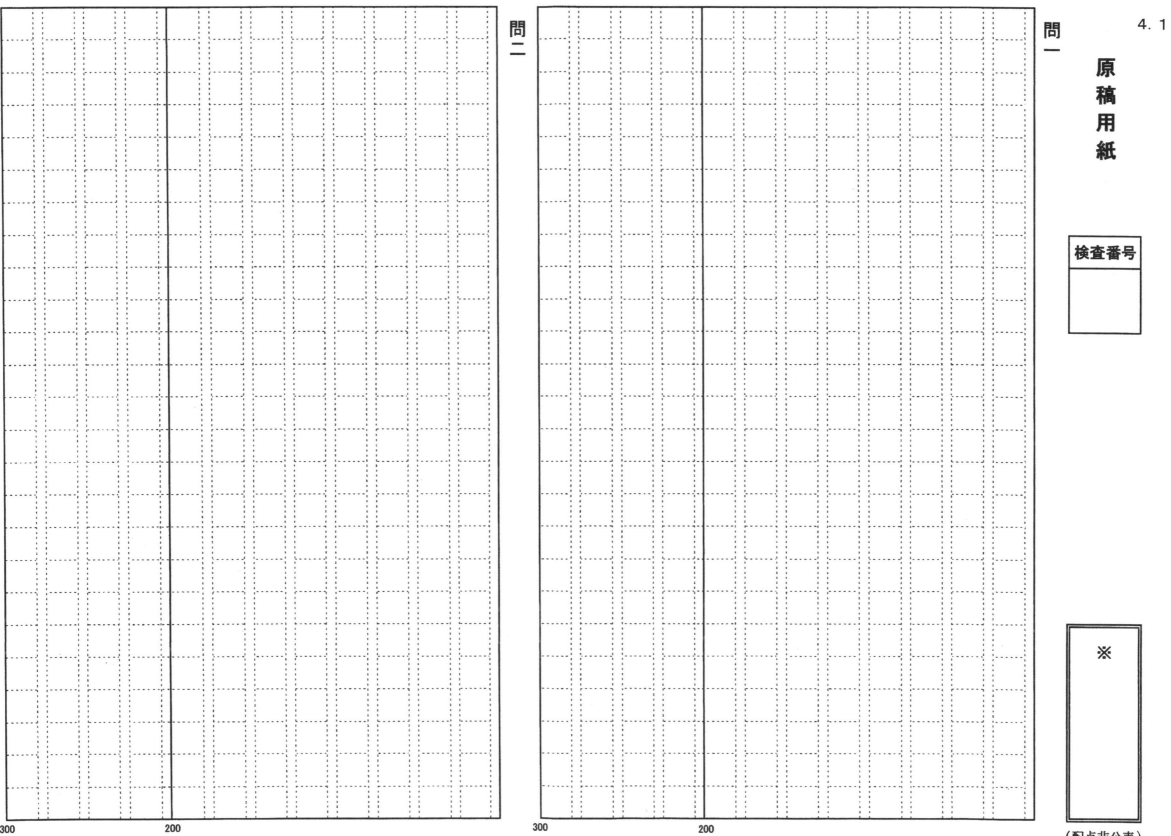

［福岡県立］
育徳館中学校
門司学園中学校
宗像中学校
嘉穂高等学校附属中学校
輝翔館中等教育学校

令和３年度

適　性　検　査

（時間　50分）

<　注　意　>

1　検査用紙は、表紙（この用紙）をふくめて４枚あります。

2　検査用紙の枚数が不足していたり、やぶれていたり、また、印刷がはっきりしていない場合は、手をあげなさい。

3　検査用紙の２枚目から４枚目の右上にある［※　　　］には、何もかいてはいけません。

4　「やめなさい。」の合図で、すぐに筆記用具を置き、検査用紙は表紙を上にして机の上に置きなさい。

5　検査用紙を持ち帰ることはできません。

※配点非公表

検査番号		氏　名	

検査番号	

※

1　休みの日に、さとこさんと弟のしんいちさんは、家族の食事を作ることにしました。

問1　2人は、栄養のバランスがよい朝食のこんだてを考えています。

朝食のこんだては、ご飯と、とうふを入れたみそ汁《しる》と、ウインナーソーセージにしました。食品は、体内でのおもな働きによって3つのグループに分けられ、3つのグループの食品がそろうようにすると、栄養のバランスがよいこんだてになることを2人は思い出し、朝食のこんだてに使っている食品を3つのグループに分けました。

その結果、ご飯と、とうふを入れたみそ汁と、ウインナーソーセージだけでは、3つのグループのうち1つのグループの食品が使われていないことが分かりました。そこで、さとこさんは、使われていない残りの1つのグループの食品を、＜家庭にある食品＞の中から2つ選び、みそ汁の実に加えることにしました。

あなたが さとこさんだったら、みそ汁の実に何を加えますか。次の［　　］の【みそ汁の実】には＜家庭にある食品＞の中からみそ汁の実に加えた2つの食品の名前をかき、【理由】には「栄養のバランスがよい朝食のこんだてになる理由」をかきましょう。ただし、【理由】には、みそ汁の実に加えた2つの食品をふくむグループの、体内でのおもな働きが分かるようにかきましょう。

＜家庭にある食品＞

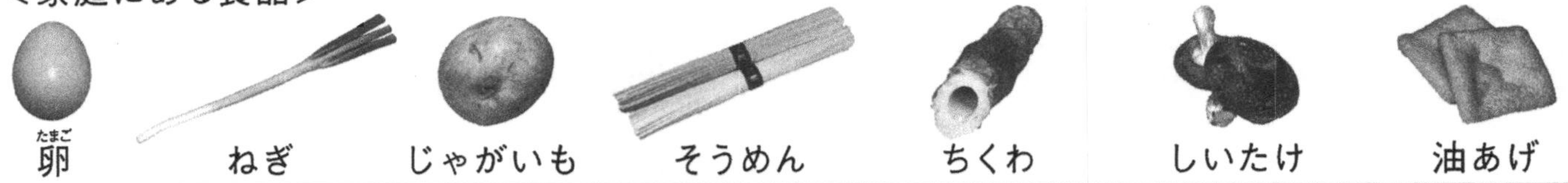

卵《たまご》　ねぎ　じゃがいも　そうめん　ちくわ　しいたけ　油あげ

【みそ汁の実】　（　　　　　　　　）、（　　　　　　　　）
【理由】

問2　さとこさんとしんいちさんは、昼食のこんだてを考えるために卵料理の本を読んでいます。次の［　　］は、そのときの会話の一部です。

さとこ：「家庭科で、ゆで卵を作ったね。そのときのゆで卵は、黄身の固まり具合にちがいがあったよね。どのゆで卵も白身は完全に固まっていたけどね。」

しんいち：「水と卵を入れたなべを火にかけて、ふっとうさせる。ふっとうさせたまま、5分ゆで続けると黄身は完全に固まらないで、さらに5分以上ゆで続けると、黄身が完全に固まったゆで卵ができたよね。」

さとこ：「そうだね。ゆで卵の黄身の固まり具合は、ゆでた時間で決まったね。**つまり、**［①］」

しんいち：「でも、この本を見て。黄身の全体はやわらかく固まっているのに、白身は完全に固まっていない料理があるよ。温《おん》泉《せん》卵《たまご》というんだって。温泉卵は65度くらいのお湯の中に卵を入れて、その温度のまま20分以上温め続けるとできるそうだよ。どうしてかな。」

さとこ：「このページには、黄身が固まる温度は65度くらいで、白身が固まる温度は80度くらいともかかれているよ。**そうか、**［②］」

さとこさんは、会話の中の **つまり、** に続けて［①］で、「卵をふっとう後5分程度ゆで続けても、黄身は完全に固まらない理由」を、**そうか、** に続けて［②］で、「65度くらいの温度のまま20分以上温め続けると温泉卵ができる理由」を説明しています。あなたが さとこさんだったら、どのように説明しますか。［①］は、ふっとうし、およそ100度になったお湯の熱は、に続けて、［②］は「65度くらい」「20分以上」のいずれの言葉も必ず使って、下のそれぞれの［　　］にかきましょう。

①	ふっとうし、およそ１００度になったお湯の熱は、
②	

検査番号	

※

2

ひろしさんの学級では、総合的な学習の時間に「もりあげよう地域《ちいき》の観光」というテーマで学習をしています。

問1　ひろしさんたちは、先生から示された、ある年の自分たちの市（A市）とB市の観光客アンケートの調査結果を比べています。次の［　　］は、そのときの会話の一部です。

あやこ：「A市とB市とでは、〔資料1〕をみると、20歳《さい》代の割合《わりあい》の差が大きいね。A市の方がかなり低いよ。」
とおる：「それに、〔資料2〕をみると、A市の方が宿泊《しゅくはく》した人数も少ないね。」
ひろし：「宿泊した人数は、〔資料1〕、〔資料2〕だけでは分からないよ。」
あやこ：「先生が〔資料3〕のその他の資料も使っていいと言っていたよ。どれかを使ったら、宿泊した人数が分かるのかな。」
ひろし：「それなら、この資料を使えば、宿泊した人数を比べることができるよ。**それはね、**［　　］」

ひろしさんは、**それはね、**に続けて［　　］で、使う資料とその資料を使うとA市とB市の宿泊した人数を比べることができる理由を説明しています。あなたが ひろしさんだったら、どのように説明しますか。【使う資料】をア～エの記号の中から1つ選び、その【説明】を、次の［　　］にかきましょう。

〔資料1〕観光客の年齢別《ねんれいべつ》割合

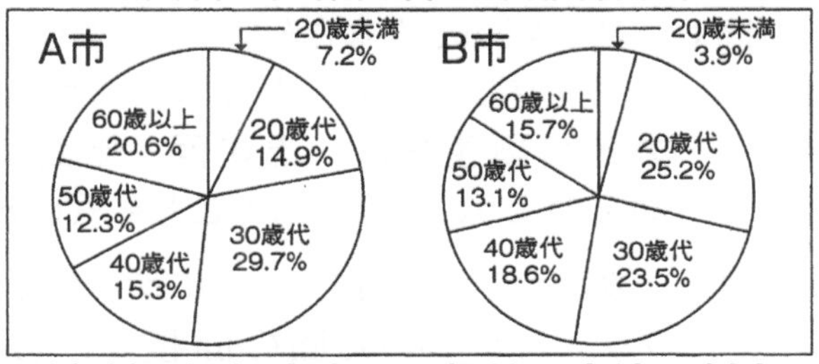

〔資料2〕観光客の日帰り、宿泊の割合

	A市	B市
日帰り	99.5%	96.0%
宿泊	0.5%	4.0%

〔資料3〕その他の資料

ア　A市とB市の人口
イ　A市とB市の観光客のうち海外からきた観光客の人数
ウ　A市とB市の観光客のうち20歳代の観光客の人数
エ　A市とB市の観光客が観光で使った1人あたりの金額

【使う資料】（　　　　）

【説明】

問2　ひろしさんたちは、A市役所に市の取り組みについて、話を聞きに行きました。その後、インタビューの内容を整理しました〔資料4〕。次の［　　］は、その後の話し合いの一部です。

あやこ：「観光のために、A市が重要と考えていることが分かったね。」
とおる：「市の取り組みでは、20歳代の観光客の滞在時間をのばす工夫《くふう》がされているね。」
あやこ：「取り組みがふえると、もっと効果が上がると思うよ。自分たちも、アイデアを出して、市に提案しようよ。」
ひろし：「いいね。〔資料5〕にあるものを活用する取り組みにしよう。」

〔資料4〕インタビューのまとめ

○市が重要と考えていること

観光客の滞在《たいざい》時間をのばして、市にあるものを楽しんでもらう。

○解決しなければならない問題

20歳代の観光客の目的は買い物や食事だけで、他の年代より商店街以外での滞在時間が短い。

○市が商店街と協力している取り組み

《着物でお散歩イベント》

着物のレンタルと食事がセットになったチケットを売り、市内の遺跡《いせき》・史跡《しせき》の地図を配って、着物で散歩や食事を楽しんでもらう。
（協力店：着物屋、和食レストラン）

〔資料5〕A市の観光地図

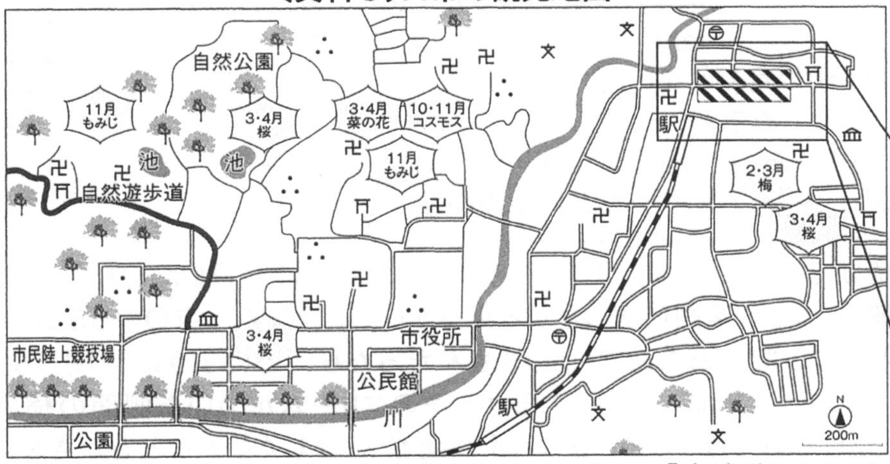

商店街の部分を拡大《かくだい》した地図

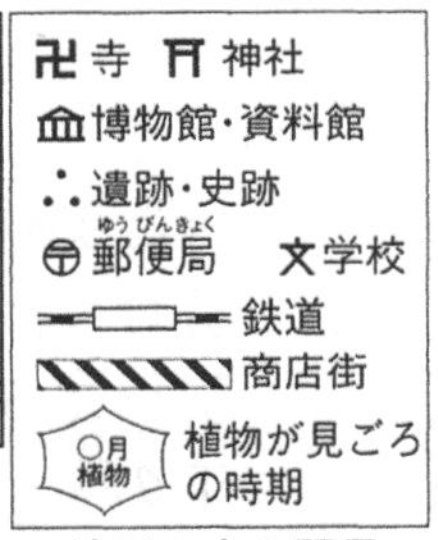

地図の中の記号

この後、ひろしさんは、市の取り組みとは別の「商店街だけでなく市内の他の場所でも、20歳代の観光客の滞在時間をのばす、商店街と協力した取り組み」を市に提案するために原稿《げんこう》をかきました。その中には、「商店街の1つまたは複数のお店と協力し、〔資料5〕にあるものを活用した具体的な取り組みの内容」と、「その取り組みのよさ」についてかいています。あなたが ひろしさんだったら、どのような原稿をかきますか。下の［　　］にかきましょう。

検査番号	

※

3　今日は、ななさんの誕《たん》生《じょう》日《び》です。今年の誕生日ケーキは底面が正方形の直方体で、上の面と側面にクリームが同じ厚さでぬられています。家族５人でクリームの量もふくめてケーキを等分します。

問1　こうきさんとななさんは、たて20cm、横20cm、高さ8cmの直方体のケーキを**図１**のように5つに切り分ける方法を考えました。しかし、これでは切り分けたケーキのクリームの量が等しくありません。そこで２人は、去年の誕生日に、上の面と側面にクリームが同じ厚さでぬられた直径20cm、高さ8cmの円柱のケーキを**図２**のように5等分したことを思い出しています。

（１）　ななさんは、**図１**のように切り分けたときの**ア**と**イ**の直方体のクリームがついた面の面積が、どれくらいちがうかを調べるために、面積の差を求めました。次の □ に求めた面積の差をかきましょう。

□ cm²

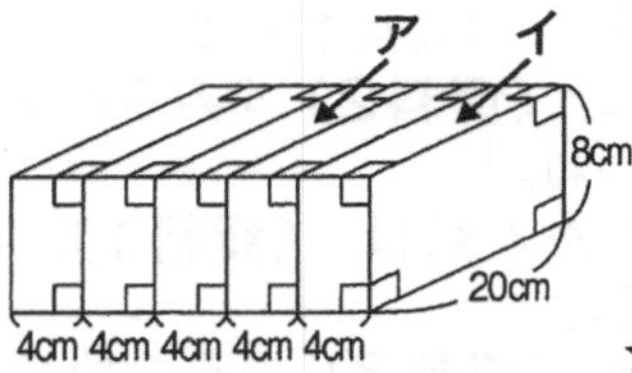

図1

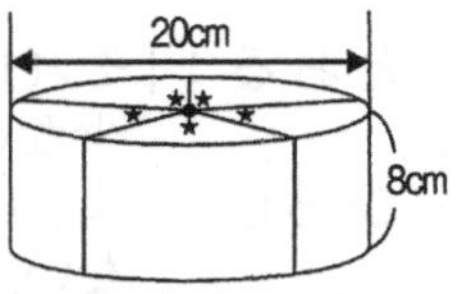

★は同じ角度を表す。
図2

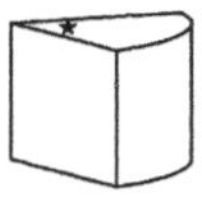
図3

（２）　去年は、円柱のケーキの底面である円の中心のまわりの角を5等分して、**図２**のように底面に垂《すい》直《ちょく》に切り分けました。この切り分け方でケーキの大きさだけでなくクリームの量も等しく切り分けられました。ななさんは、このときの１人分のケーキ（**図３**）のクリームがついた面の面積を求めました。あなたが ななさんだったら、どのように求めますか。【クリームがついた面の面積】と【求め方】を、次の □ にかきましょう。【求め方】には、式だけでなく図や言葉を使ってもかまいません。ただし、円周率は3.14とします。

【クリームがついた面の面積】　　cm²

【求め方】

問2　こうきさんとななさんは、底面が正方形である直方体のケーキを5等分する方法について、図をかきながら話しています。次の ┆　┆ は、そのときの会話の一部です。

こうき：「今年のケーキは、たて20cm、横20cm、高さ8cmの直方体だね。」
なな：「去年の円柱のケーキと同じように切り分けてみよう。直方体のケーキの上の面である正方形の対角線の交点を点**O**として、点**O**のまわりの角を5等分してみるよ（**図４**）。これでクリームの量も5等分できるかな。」
こうき：「クリームがついた側面の横の長さ（**図４**の太線の長さ）を測ってみると、**ウ**と**エ**ではちがっていたよ。そして、上の面の面積についても**ウ**と**エ**を調べてみるとちがっていたよ。点**O**のまわりの角ではなくて、正方形のまわりの長さに着目して切り分けるとどうかな。**やってみるね。** □ 」
なな：「うまく分けられたね。まわりの長さに着目して切り分けると、クリームがついた側面の面積は等しくなるし、クリームがついた上の面の面積も等しくなるね。」

※直方体のケーキを真上から見た図

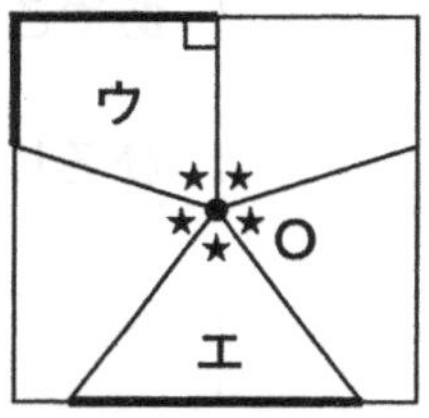

★は同じ角度を表す。
図4

こうきさんは、**やってみるね。**に続けて □ で、正方形のまわりの長さに着目した切り分け方と切り分けられるケーキの上の面の面積が等しくなるかを図に表しながら調べました。そして、点**O**から5本の直線を引いて5等分する方法を見つけ説明しました。あなたが こうきさんだったら、どのように説明しますか。下の □ の【図】に切り分ける線をかき、切り分けられるケーキのクリームがついた側面の横の長さをそれぞれかきこみ、【説明】に切り分けられるケーキの上の面の面積が等しくなることをかきましょう。【説明】には、言葉だけでなく図や式を使ってもかまいません。

【図】

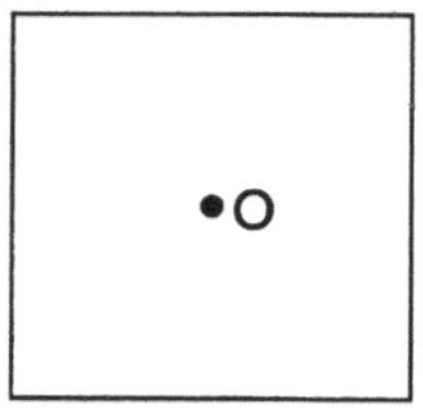

【説明】

作文

（時間　四十分）

（一枚目）

〈注意〉

一　問題用紙は表紙（この用紙）をふくめて二枚、原稿《げんこう》用紙は一枚あります。

二　問題用紙の枚数が不足していたり、やぶれていたり、また、印刷がはっきりしていない場合は、手をあげなさい。

三　原稿用紙の右下にある ※ には、何も書いてはいけません。

四　「やめなさい。」の合図で、すぐに筆記用具を置き、問題用紙は表紙を上にして机の上に置きなさい。

五　問題用紙を持ち帰ることはできません。

検査番号
氏　名

課題文

（二枚目）

次の文章は、池上彰《いけがみあきら》さんの『なぜ僕《ぼく》らは働くのか―君が幸せになるために考えてほしい大切なこと―』という本の一部です。よく読んで、あとの問いに答えなさい。

二〇一五年、ある研究所からレポートが出され、日本の六百一種類の仕事に対して、将来《しょうらい》的にＡＩ《エーアイ》やロボットなどによって自動化される可能性の高い職種があると報告がありました。この中で書かれていたのは、今後数十年のうちに四十九％の人の仕事が自動化のえいきょうを受けるのではないかということでした。自動運転技術や翻訳《ほんやく》技術の飛躍《ひやく》的な向上の例から考えると、この話は現実的に思えます。

こんな時代では、言われたことだけをやるのではなく、自分がすべきことを考えながら行動を起こす必要があるでしょう。（中略）

ＡＩやコンピュータは、正確でつかれたりあきたりしません。また、ルールの決まっている作業はものすごい速度で行えるため、膨大《ぼうだい》なデータを使う仕事に関しては、人間よりも向いています。しかし、ＡＩだって万能ではありません。苦手な分野があるのです。

その一つは、「創造《そうぞう》すること」です。チェスや将棋《しょうぎ》はＡＩが人間に勝つことはめずらしくなくなりましたが、新しいゲームやルールを作り上げるのはＡＩよりも人間のほうが得意としています。芸術作品や音楽などを生み出すＡＩもありますが、どんな作品が人の感情にうったえかけるのかというような、感覚的な部分を理解することはＡＩにはできません。モノを作り出す力はまだまだ人間のほうが得意ですし、ＡＩが何かを創《つく》り出せるようになったとしても、私《わたし》たちが創り出すものがＡＩが創り出すものに、絶対的におとるというようなことはないでしょう。

※ＡＩ……人工知能。コンピュータを使って、人間の知的な機能の働きを人工的に実現したもの。
※翻訳……ある国の言語・文章を同じ意味の他国の言語・文章に置きかえること。
※飛躍的…物事が急に良くなるさま。
※膨大……ふくれあがって大きくなること。
※創造……新しいものをつくり出すこと。
※おとる…他と比べて、かなわないこと。

（池上彰『なぜ僕《ぼく》らは働くのか―君が幸せになるために考えてほしい大切なこと―』〈学研プラス刊〉によるものです。ただし、一部変えています。）

問一　――線部について、「言われたことだけをやるのではなく、自分がすべきことを考えながら行動を起こ」したあなたの経験または身近な出来事を、その時の思いや考えをふくめて二百字から三百字で書きましょう。

問二　池上さんは、この本の中で、幸せになるために考えてほしい大切なことの一つとして「創造すること」を挙げています。この「創造すること」（新しいものをつくり出すこと）の大切さを考えたとき、あなたはこれから中学生として、どのようなことに取り組みたいと思いますか。理由をふくめて二百字から三百字で書きましょう。

そのとき、次の【注意】にしたがって、原稿用紙に書きましょう。

【注意】◎　原稿用紙には、題や氏名は書かないで、本文だけを書きましょう。
◎　文章を見直すときには、次の（例）のように、付け加えたり、けずったり、書き直したりしてもかまいません。

（例）

朝の会で、私が司会をしているとき、友だちが~~やさしく~~意見を~~言って~~出してくれました。

3. 1

原稿用紙

検査番号

※

（三枚目）

※配点非公表

問一

200

300

問二

200

300

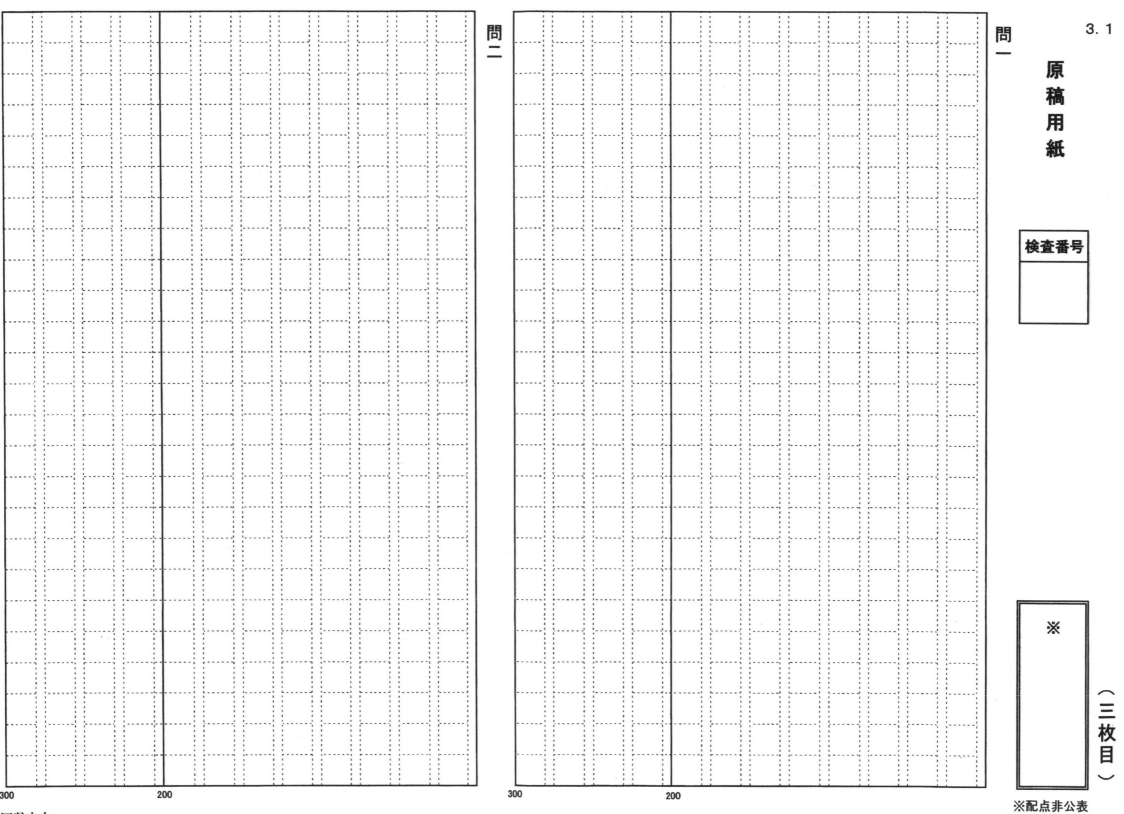

［福岡県立］
育徳館中学校
門司学園中学校
宗像中学校
嘉穂高等学校附属中学校
輝翔館中等教育学校

適性検査

（時間　50分）

＜注意＞

1　検査用紙は、表紙（この用紙）をふくめて４枚あります。

2　検査用紙の枚数が不足していたり、やぶれていたり、また、印刷がはっきりしていない場合は、手をあげなさい。

3　検査用紙の２枚目から４枚目の右上にある［※　　　　］には、何もかいてはいけません。

4　「やめなさい。」の合図で、すぐに筆記用具を置き、検査用紙は表紙を上にして机の上に置きなさい。

5　検査用紙を持ち帰ることはできません。

※配点非公表

検査番号		氏名	

検査番号	

※

1

こうへいさんが、みほさんの家に遊びに行ったときのことです。

問1　こうへいさんとみほさんは、夏休みの思い出について話をしています。次の［　　］は、そのときの会話の一部です。

みほ：「この3枚《まい》の写真（**図1**）は、夏休みに美術館に行ったとき、美術館の庭に展示《てんじ》してあった球体の作品を同じ位置から撮《と》ったものだよ。朝10時ごろに1枚、正午ごろに1枚、15時半ごろに1枚撮ったんだ。その日はよく晴れていて、かげのでき方にちがいがあったので、同じ作品でも、時刻によって見え方がちがって、おもしろかったよ。こうへいさんは、この3枚の写真を撮った順序が分かるかな。」

こうへい：「えっ、どうすれば写真を撮った順序が分かるのかな。」

みほ：「作品から見て、東西南北のどの方位からこの写真を撮ったかを手がかりにすると、撮った順序が分かるよ。」

こうへい：「**そうか、**［　　］」

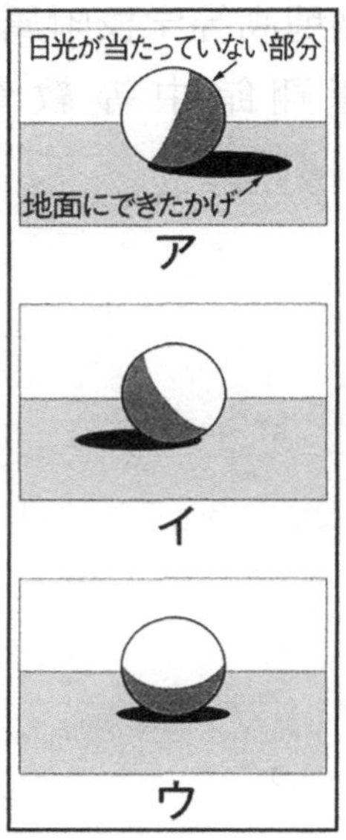

図1

こうへいさんは、会話の中の **そうか、** に続けて［　　］で、**ア**～**ウ**の写真を、「作品から見てどの方位から撮ったか」「撮った順序」「その方位と順序だと考えた理由」について説明しています。あなたが こうへいさんだったら、どのように説明しますか。【方位】には東・西・南・北のいずれかの方位、【順序】には**ア**～**ウ**の記号、【理由】には「その方位と順序だと考えた理由」を、次のそれぞれの［　　］にかきましょう。

【方位】		【順序】	→ →
【理由】			

問2　こうへいさんとみほさんは、2階の部屋から1階の部屋に移動することにしました。みほさんは階段をおりるために、2階のスイッチで階段の照明をつけ、階段をおりた後、1階のスイッチで階段の照明を消しました。その後、すぐに2階の部屋から出てきたみほさんのお兄さんが、2階のスイッチで階段の照明をつけ、1階におりてきました。下の［　　］は、そのときの会話の一部です。

こうへい：「どうして、2つのスイッチで照明をつけたり消したりすることができるのかな。」

みほ：「この前、お父さんにたずねたら教えてくれたよ。この階段のスイッチのしくみをこの2つの図で説明するね（**図2**、**図3**）。例えば、スイッチが最初に**ア**につながっていた場合（**図2**）、一度スイッチを操作《そうさ》すると、**ア**から**イ**に切りかわり、もう一度スイッチを操作すると（**図3**）、**イ**から**ア**に切りかわるんだよ。この階段のスイッチと照明を理科で学習した回路の図に例えてかくね（**図4**）。この図は私《わたし》たちが2階の階段をおりる前のものとするよ。この後、私たちが2階のスイッチで照明をつけ、1階のスイッチで照明を消したよ。そしてお兄さんが2階のスイッチで照明をつけたね。この図をもとに、お兄さんが2階で照明をつけたときまでにスイッチがどのように切りかわったかを確認《かくにん》すると分かるよ。」

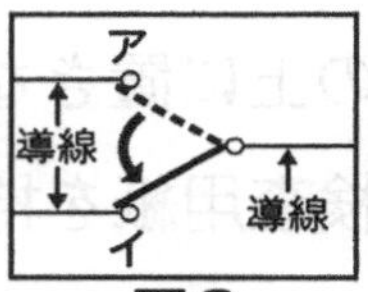

図2

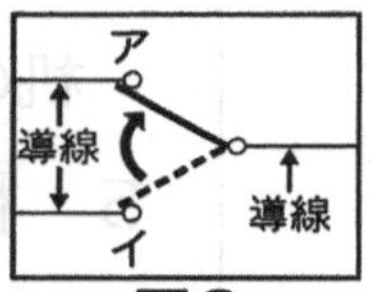

図3

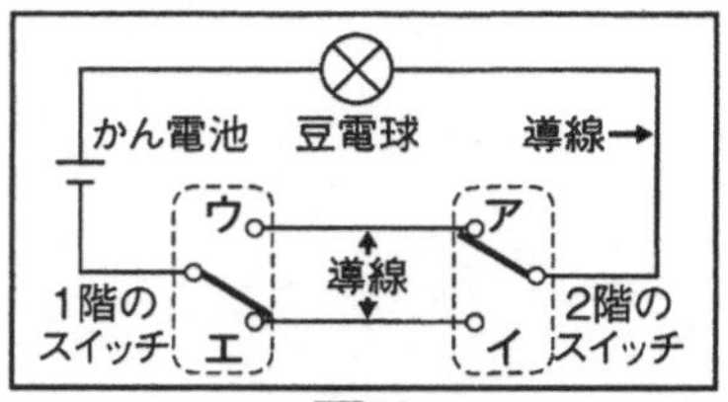

図4

この会話をふまえて、お兄さんが2階で照明をつけたときのスイッチの状態を、下の［　　］の【お兄さんが照明をつけたときの回路の図】に、**図4**にならって ―― でかきましょう。また、その図と**図4**をもとにして、どうして2階でも1階でも照明をつけたり消したりすることができるのかを、下の［　　］の【説明】に言葉でかきましょう。

【お兄さんが照明をつけたときの回路の図】	【説明】
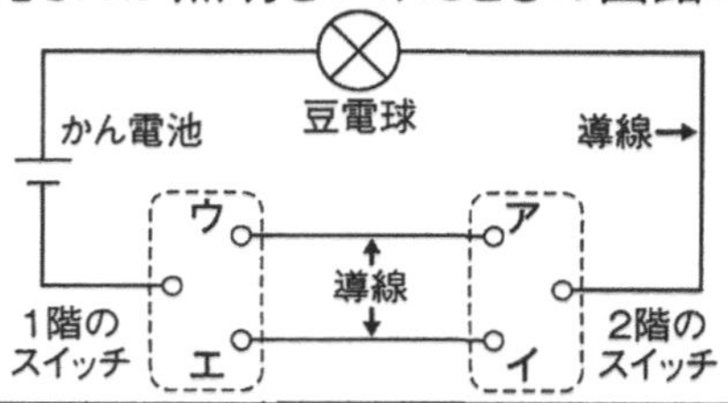	

検査番号	

※

2　たけしさんの学級では、総合的な学習の時間に「私《わたし》たちのくらしと防災」というテーマで学習をしています。

問1　まず、たけしさんたちは、まちに住んでいる人に対してのアンケート〔資料1〕やその結果〔資料2〕からまちの人たちが災害に備えて、どのような用意をしているかについて話し合いました。次の［　　］は、そのときの話し合いの一部です。

たけし：「〔資料1〕の1と2では、非常用飲料水についてたずねているね。」
ゆうこ：「この前読んだ防災ハンドブックには、非常用飲料水は『少なくとも3日分、できれば1週間分程度を用意しましょう。』とかいてあったね。〔資料2〕をみると、『災害対策アンケート』に回答した人の80％以上が3日分以上を用意していることが分かるね。」
たけし：「確かに〔資料2〕で3日分以上を用意している人の割合をたすと80％以上になるね。でも、〔資料1〕と〔資料2〕をもとに、80％以上という割合が何の割合を表しているかを考えると、そうとは言えないと思うよ。**それはね、**［　　］」

〔資料1〕災害対策《たいさく》アンケート

1．家庭で災害に備えて非常用飲料水を用意していますか。
（はい・いいえ）
「はい」と答えた場合は2へ、「いいえ」の場合は3へ
2．何日分の非常用飲料水を用意していますか。
（1日分・2日分・3日分・4日分・5日分・6日分・7日分・8日分以上）

〔資料2〕アンケート結果

1．家庭で災害に備えて非常用飲料水を用意していますか。
はい … 41％　　いいえ … 59％
2．何日分の非常用飲料水を用意していますか。

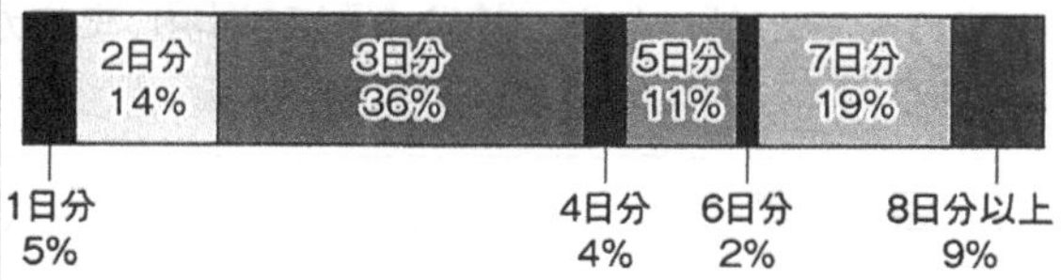

たけしさんは、発言の中の**それはね、**に続けて［　　］で、80％以上という割合が何の割合を表しているかを明らかにして、そうとは言えない理由を説明しています。あなたが たけしさんだったら、どのように説明しますか。次の［　　］にかきましょう。

問2　地震《じしん》から身を守るために大切なことについて調べているたけしさんの班では、消防士の方から話を聞きました。〔資料3〕は、自分たちが調べて分かったことと消防士の方から聞いて分かったことをまとめたものです。

〔資料3〕地震から身を守るために大切なこと

	自分たちが調べて分かったこと	消防士の方から話を聞いて分かったこと
事前	・家具がたおれないように、家具を固定しておく。 ・非常用持ち出しぶくろの中を確かめておく。	・地域《ちいき》の人と協力して防災マップをつくる。 ・地域の防災訓練に参加する。
地震発生時	・教室では、机の下にもぐり、机の脚《あし》をしっかり持つ。 ・外では、がけやブロックべいから はなれる。	・高齢者《こうれいしゃ》や体の不自由な方の避難《ひなん》を手助けする。 ・避難所で自分にできるお手伝いをする。

たけしさんの班は、これまで調べてきて分かったことをもとに、全体発表会に向けて、防災のために大切にしていきたいことについて、話し合っています。下の［　　］は、そのときの話し合いの一部です。

ゆうこ：「自分たちが調べて分かったことのほかにも、消防士の方の話を聞いて、新しく大切なことが分かったね。」
たけし：「消防士の方から話を聞いて分かった4つのことには、共通して言えることがあるよね。そのことを中心に発表しようよ。」
ゆうこ：「いいね。そういえば、防災の学習の最初に、先生が紹介《しょうかい》してくれた去年の地域の防災訓練に参加した小学生の作文〔資料4〕があったね。そのことを発表に入れられないかな。」
たけし：「その作文の中に自治会長さんの『防災はあいさつなどから始めることが大事』という言葉があったけど、このことと防災はどのような関係があるのかな。」
先　生：「消防士の方の話とつなげて考えると見えてくると思うよ。」

〔資料4〕去年の地域の防災訓練に参加した小学生の作文の一部

訓練には、まちの人や自治会長さん、消防団の方などが集まっていました。大人たちといっしょに消火活動や けが人を運ぶ手伝いをしました。訓練では日ごろ話したことのない近所の方ともたくさん話しました。訓練の最後に自治会長さんが「防災はあいさつなどから始めることが大事」と言われたことが心に残っています。今では、近所の方とあいさつをしたり、話をしたりするように心がけています。

この後、たけしさんは、全体発表会に向けて防災のために大切にしていきたいことについて発表原稿《げんこう》をかきました。その中で、消防士の方の話に共通して言えることを明らかにしています。そして、その「明らかにしたこと」と「あいさつなどから始めることの大事さ」を結びつけています。あなたが たけしさんだったら、どのような発表原稿をつくりますか。下の［　　］にかきましょう。

検査番号	

※

3　すみれさんとあきらさんは、学校生活をよりよくする生活向上委員会に所属しています。

問1　生活向上委員会では、学校や地《ち》域《いき》をきれいにしようという目的で美化ポスターをつくりました。

〔資料〕は、すみれさんが、生活向上委員会でポスターをはるために、先生に相談しながら立てた計画です。

すみれさんとあきらさんは、立てた計画について話しています。次の□は、そのときの会話の一部です。

すみれ：「先生に相談して、このように計画を立てたよ〔資料〕。」
あきら：「それぞれのグループの人数は、何人になるのかな。」
すみれ：「**それはね、**□」

〔資料〕美化ポスターをはる計画

○　生活向上委員12人でポスターをはる。
○　各教室、ろう下、校外の3つのグループに分かれてはる。
○　各教室には18枚《まい》、ろう下には28枚、校外には30枚はる。
○　それぞれのグループは、3人以上で活動する。
○　同じグループ内では、1人がはるポスターの枚数を同じにする。

すみれさんは、**それはね、**に続けて□で、それぞれのグループの人数と、その求め方を説明しています。あなたがすみれさんだったら、どのように説明しますか。ポスターをはるそれぞれのグループの人数と、その求め方の【説明】を、次の□にかきましょう。

各教室（　　　　）人、ろう下（　　　　）人、校外（　　　　）人

【説明】

問2　生活向上委員会では、花だんにチューリップを植えるために、球根がいくつ必要か計画を立てています。次の□は、すみれさんが考えた球根を植える計画です。

〔球根を植える計画〕

○　用意できる球根の数は、150個まで。
○　花だんは、たて 120cm、横 210cmの長方形。
○　球根と球根のたての間《かん》隔《かく》、横の間隔は、どちらも10cm以上15cm以下にする。
○　球根は、できるだけ多く植える。

＜球根の植え方＞ ※右の図のように植える。

○　球根と球根のたての間隔は、同じにする。
○　球根と球根の横の間隔は、同じにする。
○　花だんのはしから1つめの球根までのたての長さは、球根と球根のたての間隔と同じ長さにする。また、横についても同様にする。
○　球根と球根のたての間隔を▲cm、横の間隔を■cmとしたとき、▲と■は、どちらも整数にする。

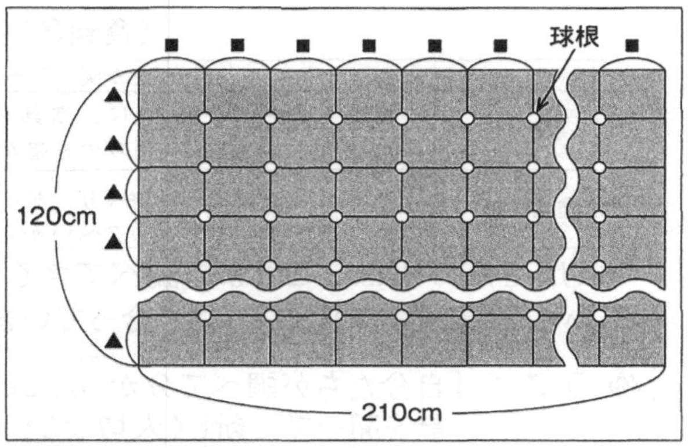

図

すみれさんは、球根を植える計画をもとに、植えることができる球根の最大の個数とその求め方を言葉と式などで説明しています。あなたがすみれさんだったら、どのように説明しますか。【植えることができる球根の最大の個数】とその求め方の【説明】を、下の□にかきましょう。

【植えることができる球根の最大の個数】（　　　　　　）個

【説明】

2．1

作文

（時間　四十分）

〈注意〉

一　問題用紙は表紙（この用紙）をふくめて二枚、原稿《げんこう》用紙は一枚あります。

二　問題用紙の枚数が不足していたり、やぶれていたり、また、印刷がはっきりしていない場合は、手をあげなさい。

三　原稿用紙の右下にある［※］には、何も書いてはいけません。

四　「やめなさい。」の合図で、すぐに筆記用具を置き、問題用紙は表紙を上にして机の上に置きなさい。

五　問題用紙を持ち帰ることはできません。

（一枚目）

検査番号
氏　名

課題文

（二枚目）

次の文章を読んで、あとの問いに答えなさい。

明子《あきこ》さんの学校の児童会活動では、委員会ごとに目標を決めて、学校生活をさらに充実《じゅうじつ》させるための取り組みをしています。

栽培《さいばい》委員会の取り組みは、「花いっぱい運動」になりました。「花いっぱい運動」の目標は、全校児童が積極的に参加することで、学校じゅうの花だんを花《か》でいっぱいにすることです。そこで、栽培委員会では、目標を達成するために、「花いっぱい運動」の進め方について話し合いをすることになりました。次は、栽培委員会の話し合いの様子です。

委員長　「みなさん、こんにちは。今日《きょう》は、前回の委員会で決めた『花いっぱい運動』の具体的な進め方について、みんなで意見を出し合いたいと思います。『花いっぱい運動』の目標は、全校児童が積極的に参加することで、学校じゅうの花だんを花でいっぱいにすることです。この目標を達成するために、どのような方法で『花いっぱい運動』を進めたらよいと思いますか。どなたか、意見をお願いします。」

明　子　「はい。私《わたし》は、学級ごとに花だんの割《わ》り当てをして、それぞれの学級で花だんのテーマを決めて、育てる方法がよいと思います。どんな花を植えたらよいか、どんな形に植えたらよいかなど、みんながいろいろな意見を出してくれると思うからです。また、『自分たちの花だんだ。』という意識をもつことで、みんなが進んで花のお世話をするようになると思います。」

委員長　「ありがとうございます。他に意見のある人はいますか。」

一　平《いっぺい》　「はい。僕《ぼく》は、咲《さ》いている花を植えるのではなく、種《たね》から育てる方法がよいと思います。その理由は、みんなが花だんのお世話をする時間が増えるからです。お世話をする時間が増えると、みんなが花を咲かせる工夫《くふう》をいろいろと考えながら取り組めるので、みんなが進んで花のお世話をするようになると思います。」

委員長　「ありがとうございます。栽培委員まかせにならず、みんなで取り組めるよい意見ですね。」

～（話し合いが続く）～

問一　あなたが栽培委員だったら、「花いっぱい運動」の方法について、どのような提案をしますか。より積極的に全校児童が参加するために、あなたが考える「花いっぱい運動」の方法について、理由もふくめて具体的に二百字から三百字で書きましょう。その方法については、明子さんが言う「学級ごとに花だんの割り当てをして、それぞれの学級で花だんのテーマを決めて、育てる方法」と一平さんが言う「種から育てる方法」とは違《ちが》うものを書きましょう。

問二　一平さんが言う「種から育てる方法」のよいところは、「みんなが花だんのお世話をする時間が増える」こと以外にもあります。時間をかけて種から育てることで、どのようなよい変化がみられると思いますか。「一人ひとりの心」と「仲間とのかかわり方」の面から、理由もふくめて二百字から三百字で書きましょう。

そのとき、次の【注意】にしたがって、原稿用紙に書きましょう。

【注意】　◎　原稿用紙には、題や氏名は書かないで、本文だけを書きましょう。

◎　文章を見直すときには、次の（例）のように、付け加えたり、けずったり、書き直したりしてもかまいません。

（例）

朝の会で、私が司会をしているとき、友だちが~~やさしく~~意見を~~言って~~出してくれました。

2. 1

原稿用紙

検査番号

※

（三枚目）

※配点非公表

問一

200

300

問二

200

300

［福岡県立］
育 徳 館 中 学 校
門 司 学 園 中 学 校
輝翔館中等教育学校
宗 像 中 学 校
嘉穂高等学校附属中学校

適 性 検 査

（時間　50分）

＜ 注 意 ＞

1　検査用紙は、表紙（この用紙）をふくめて４枚あります。

2　検査用紙の枚数が不足していたり、やぶれていたり、また、印刷がはっきりしていない場合は、手をあげなさい。

3　検査用紙の２枚目から４枚目の右上にある［※　　　］には、何もかいてはいけません。

4　「やめなさい。」の合図で、すぐに筆記用具を置き、検査用紙は表紙を上にして机の上に置きなさい。

5　検査用紙を持ち帰ることはできません。

※配点非公表

検査番号		氏 名	

検査番号	

※

1

けいこさんと弟のひろしさんの夏休み中のできごとです。

問1　外で遊んでいた けいこさんとひろしさんは、暑かったので冷ぼうのきいた すずしい部屋で、おやつにアイスクリームを食べることにしました。次の□は、そのときの会話の一部です。

ひろし：「このアイスクリームは、かちかちに固くなっていて、スプーンが全然入らないよ。」
家の人：「それはプラスチックのスプーンでしょ。それなら、このアルミニウムのスプーンを使ってごらん。」
ひろし：「あれっ。スプーンが当たった部分のアイスクリームの表面が少しとけて、スプーンが入るようになったよ（**図１**）。どちらのスプーンも形や大きさ、厚みはほとんど同じだし、同じ力を加えたのに、どうして少しとけたのかな。」
けいこ：「**そうか、**□」

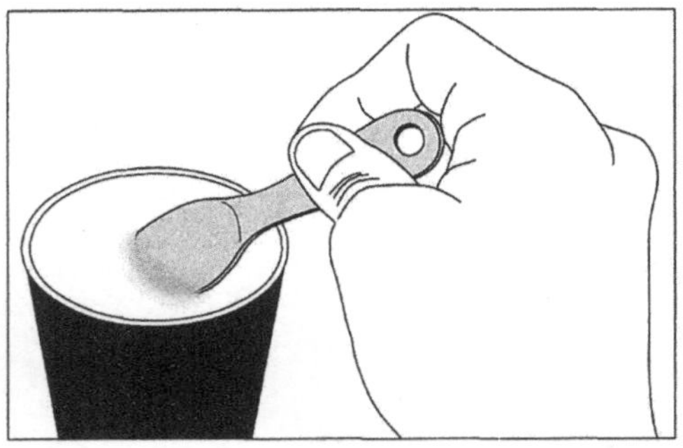

図１

けいこさんは、会話の中の **そうか、** に続けて□で、「固いアイスクリームの表面がプラスチックのスプーンでは とけなかったのに、アルミニウムのスプーンでは少しとけた理由」について考えたことを説明しています。あなたが けいこさんだったら、どのように説明しますか。次の□にかきましょう。

問2　夕方になって、けいこさんとひろしさんは、夕食づくりの手伝いを始めました。この日、二人は、家の庭で育てているミニトマトと水菜《みずな》を 朝、収かくして、それぞれを同じ大きさのビニールぶくろに入れ（**図２**）、すぐに冷蔵庫の中に入れていました。

ひろしさんが、サラダをつくるため、冷蔵庫に入れていたミニトマトと水菜を取り出したとき、気づいたことをけいこさんに言いました。ひろしさんが言ったことは 次の□のとおりです。

ひろし：「ミニトマトと水菜の入ったビニールぶくろは、朝と比べて、両方とも少ししぼんでいるよ。それに、ミニトマトの入ったビニールぶくろの内側には、水てきはほとんどついていないけれど、水菜の入ったビニールぶくろの内側には、水てきがたくさんついているよ（**図３**）。どちらのふくろも、ビニールぶくろの口を結んで、空気の出入り口は ふさいでいるし、ビニールぶくろも破れていないのに、どうしてかな。」

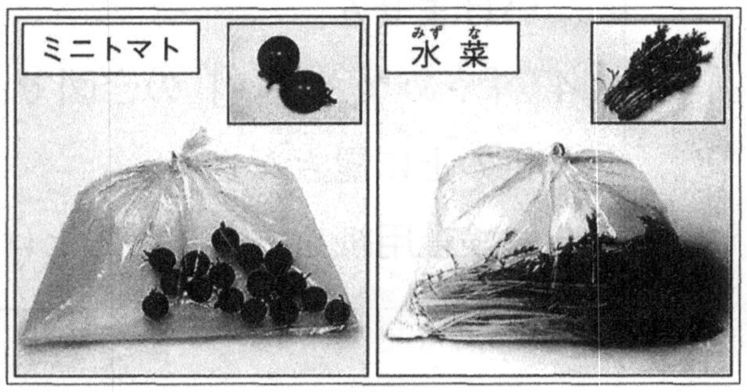

図２

図３

これを聞いたけいこさんは、冷蔵庫に入れる前の状態を思い出しながら、冷蔵庫から出したときのミニトマトの入ったビニールぶくろと水菜の入ったビニールぶくろのそれぞれの状態を比べて、「水菜の入ったビニールぶくろがしぼんだ理由とそのビニールぶくろの内側に水てきがついた理由」についてそれぞれ説明しました。あなたが けいこさんだったら、どのように説明しますか。下の□にかきましょう。

検査番号	

※

2

　けんたさんとあおいさんの学級では、総合的な学習の時間に、「だれもが住みよいまち」について考える学習をしています。

問1　けんたさんとあおいさんの班では、「高齢者《こうれいしゃ》（６５才以上）が住みよいまち」について考えることにしました。まずはじめに、先生が紹介《しょうかい》してくれた〔資料１〕をもとに将来《しょうらい》の日本の人口の特ちょうについて話し合いました。次の［　　］は、そのときの話し合いの一部です。

けんた：「これからは、高齢者が多い社会になっていくという話をよく聞くけど、〔資料１〕を見ると、高齢者の数に大きな変化はないようだね。」
あおい：「たしかに、高齢者の数には大きな変化がないように見えるね。でも、〔資料１〕をよく見てみると、高齢者が多い社会になるといわれることの意味がわかるよ。**それはね、**［　　］」

〔資料１〕日本の年齢《ねんれい》別人口の変化予測

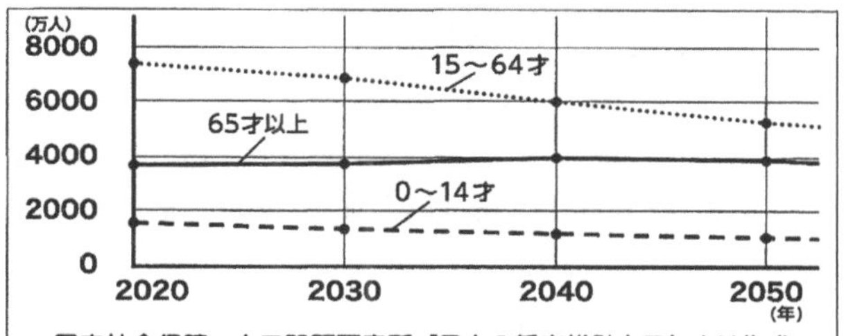

国立社会保障・人口問題研究所「日本の将来推計人口」より作成

　あおいさんは発言の中の **それはね、** に続けて［　　］で、「高齢者が多い社会になるといわれることの意味」について説明しています。あなたが あおいさんだったら、どのように説明しますか。次の［　　］にかきましょう。

問2　けんたさんとあおいさんの班は「高齢者が住みよいまち」について、公共施設《しせつ》に来ていた高齢者の方にインタビューをしました。その後、けんたさんたちはインタビューの内容をもとに、「『高齢者が住みよいまち』にするために大切なこと」をカードに書き出し、黒板に整理しました。そして、整理したものをまとめ、他の班に伝えるための発表原稿《げんこう》をつくることにしました。次の［　　］は、そのときの話し合いの一部です。

あおい：「カードを整理すると、『国・県・市町村ができること』と『自分たちができること』の２つのグループに分けることができたね〔資料２〕。」
けんた：「どちらのグループのカードの内容も、全部、高齢者の立場に立って考えられているね。じゃあ、グループごとに全部のカードの内容を紹介すれば発表原稿になるよね。」
先　生：「２つのグループに分けたところはいいですね。しかし、カードの内容を紹介するだけでは、まだ、発表原稿としてまとめたことにはなっていないんじゃないかな。それぞれのグループのカードの内容に共通することを明らかにし、それらをふまえて高齢者が住みよいまちにするために大切なことについてまとめると、あなたたちの班の考えたことがよくわかる発表原稿になりますよ。」

〔資料２〕２つのグループに整理したカード

「高れい者が住みよいまち」にするために大切なこと

国・県・市町村ができること
- 市町村などが運営するバスを、病院やスーパーマーケットの近くを通るように走らせる。
- 公民館や図書館の階段にスロープを作ったり、手すりをつけたりする。
- 歩道から段差をなくす。

自分たちができること
- バスや電車で立っている高れい者に、進んで席をゆずる。
- 近くに住んでいる高れい者に、自分から元気にあいさつをする。
- 困っている高れい者に、勇気を出して声をかけたり、手助けをしたりする。

　この後、けんたさんは、「『高齢者が住みよいまち』にするために大切なこと」について、話し合いの中の**下線部（先生のアドバイス）**をもとに、班の考えをまとめ、発表原稿をつくりました。あなたが けんたさんだったら、どのような発表原稿をつくりますか。下の［　　］にかきましょう。

検査番号	

※

３　あきらさんとさくらさんが入っている工作クラブでは、自分たちで箱を作り、その箱と球を使ったゲームをすることにしました。

問1　あきらさんとさくらさんは、まず、ゲームで使う３つの立方体の箱を作ることにしました。それぞれの箱には、♥（ハート）、♣（クラブ）、♠（スペード）の中から１つを選んでかくことにしました。そして、その絵は、箱が完成したとき、向かいあう一組の面に、同じ向きで同じ大きさとなるようにしました（**完成図**）。

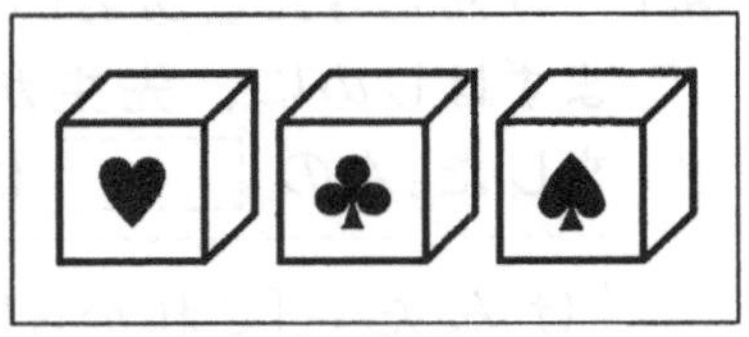

完成図

あきらさんとさくらさんは、３つの箱の展開図をかくように４年生にたのみ、できあがった展開図を切り取って、絵が見えるように組み立てようとしましたが、**完成図**のとおりにならない展開図がいくつかありました。

下のア～カの展開図について、正しい展開図には記号のらんに「○」をかきましょう。また、誤っている展開図には記号のらんに「×」をかき、その理由のらんに「**完成図のとおりにならない理由**」をかきましょう。

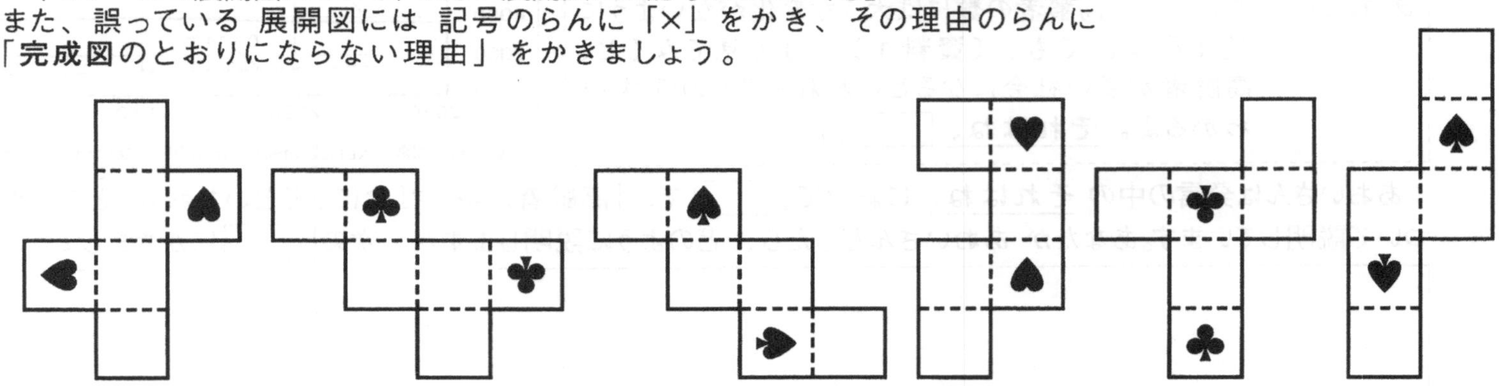

ア　イ　ウ　エ　オ　カ

	記号	理由		記号	理由
ア			エ		
イ			オ		
ウ			カ		

問2　あきらさんは、箱の中を見ずに３つの箱それぞれに入っている球の個数を当てるゲームを、次の［　　］のように考えました。

① ♥、♣、♠の３つの箱に合計２０個の球を入れる。球の入れ方のルールは、次の［　　］のとおりにする。

・それぞれの箱に入れる球の個数は、１個以上１０個以下にする。
・球の個数は、♥の箱より♣の箱が少なく、♣の箱より♠の箱が少なくなるようにする。

② 次の４枚のヒントカードの中から１枚を選び、そのヒントカードから得られた情報をもとに考える。

ヒントカード１	ヒントカード２	ヒントカード３	ヒントカード４
♥の箱の球の個数	♣の箱の球の個数	♣の箱の球の個数	♠の箱の球の個数
♣の箱の球の個数は偶数《ぐうすう》か奇数《きすう》か	♥の箱の球の個数は偶数か奇数か	♠の箱の球の個数は偶数か奇数か	♣の箱の球の個数は偶数か奇数か

あきらさんから、ゲームの内容について聞いたさくらさんは、４枚の**ヒントカード**の中で、ある１枚の**ヒントカード**を選べば、♥、♣、♠のそれぞれの箱に入っている球の個数を確実に当てることができることに気づきました。

どの**ヒントカード**を選べば、それぞれの箱に入っている球の個数を確実に当てることができますか。下の【ヒントカードの番号】のらんに、１～４の数字をかきましょう。また、その**ヒントカード**について、球の個数を確実に当てることができる理由を、下の【理由】のらんにかきましょう。

【ヒントカードの番号】　ヒントカード（　　）
【理由】

作文

（時間　四十分）

（一枚目）

〈注　意〉

一　問題用紙は表紙（この用紙）をふくめて二枚、原稿《げんこう》用紙は一枚あります。

二　問題用紙の枚数が不足していたり、やぶれていたり、また、印刷がはっきりしていない場合は、手をあげなさい。

三　原稿用紙の右下にある ※ には、何も書いてはいけません。

四　「やめなさい。」の合図で、すぐに筆記用具を置き、問題用紙は表紙を上にして机の上に置きなさい。

五　問題用紙を持ち帰ることはできません。

検査番号
氏　名

課題文

（二枚目）

次の文章を読んで、あとの問いに答えなさい。

花子さんの学級では、四月に「ひとりはみんなのために、みんなはひとりのために考えて行動しよう」という目標を立て、その達成に向けてさまざまな活動を行っていくことになりました。

学級の目標を立ててから一週間が過ぎ、学級にとって必要な係を決める話し合いを行いました。議長の太郎《たろう》さんは「学級全員で分担《ぶんたん》する日直やそうじなどの当番活動にはしっかりと取り組めています。今回話し合う係活動は、学級の生活を楽しく充実《じゅうじつ》したものにするために行うものです。どんな係が必要かアイデアを出し合いましょう。」と言いました。

花子さんは、お楽しみ会などを計画して実行するレクリエーション係が必要であり、この係をつくることが学級の目標の達成にもつながるのではないかと考え、理由とともに提案しました。そのほかにも学級新聞係や生き物係などについて意見が出され、係を決めることができました。

それから二か月ほどが過ぎ、これまでの係活動の取り組みについて振《ふ》り返りました。その話し合いでは、「それぞれの係で決めたことに取り組んでいる」「全員が係の仕事を行っている」といった良い点があげられた一方で、「ほかの係がどのような活動をしているのかよくわからない」「一部の人たちだけが楽しめる活動になっていることがある」という二つの問題点があげられました。そこで、これらの問題点を解決するための方法について、意見を出し合うことにしました。

問一　――線部「花子さんは、お楽しみ会などを計画して実行するレクリエーション係が必要であり、この係をつくることが学級の目標の達成にもつながるのではないかと考え、理由とともに提案しました」とありますが、あなたが花子さんならどのように提案しますか。「私《わたし》はレクリエーション係をつくるといいと思います。」という一文に続け、この一文をふくめて二百字から三百字で書きましょう。

問二　花子さんの学級における係活動の問題点について、どちらか一つを取り上げ、それを解決する方法について、あなたのこれまでの経験をもとにして二百字から三百字で書きましょう。

そのとき、次の【注意】にしたがって、原稿用紙に書きましょう。

【注意】◎　原稿用紙には、題や氏名は書かないで、本文だけを書きましょう。

◎　文章を見直すときには、次の（例）のように、付け加えたり、けずったり、書き直したりしてもかまいません。

（例）

朝の会で、｛私が｝司会をしているとき、友だちが~~やさしく~~意見を~~言って~~（出して）くれました。

原稿用紙

検査番号

※

（三枚目）

※配点非公表

問一

私はレクリエーション係をつくるといいと思います。

200

300

問二

200

300

［福岡県立］
育 徳 館 中 学 校
門 司 学 園 中 学 校
輝翔館中等教育学校
宗 像 中 学 校
嘉穂高等学校附属中学校

適 性 検 査

（時間　50分）

＜ 注 意 ＞

1　検査用紙は、表紙（この用紙）をふくめて４枚あります。
2　検査用紙の枚数が不足していたり、やぶれていたり、また、印刷がはっきりしていない場合は、手をあげなさい。
3　検査用紙の２枚目から４枚目の右上にある ※ には、何もかいてはいけません。
4　「やめなさい。」の合図で、すぐに筆記用具を置き、検査用紙は表紙を上にして机の上に置きなさい。
5　検査用紙を持ち帰ることはできません。

※配点非公表

検査番号		氏 名	

検査番号	

※

1　みほさんの家族が、買い物に行ったときのことです。

問1　みほさんの家族は、くつを買いに行きました。弟のけんたさんは、気に入ったくつ（**図1**）を見つけました。そこで、はきごこちを試《ため》すために、店員さんにお願いして、そのくつをはいて店内を歩いてみました。次の［　　］は、そのときの会話の一部です。

図1

けんた：「このくつをはいて歩くと はずむような感じがするなあ。」
店　員：「それは、このくつに特ちょうがあるからなんです。この図（**図2**）を見てください。左側は、くつを横から見た図です。くつの底に点線がありますね。点線の部分で切った後、底から見た図が右側の図です。実は、この部分（**ア**）には、空気が閉じこめられています。だから、歩くと はずむような感じがするんですよ。」
けんた：「どうして、この部分（**ア**）に空気が閉じこめられていると、歩いたときに はずむような感じがするのかな。」
み　ほ：「**それはね、**［　　］」

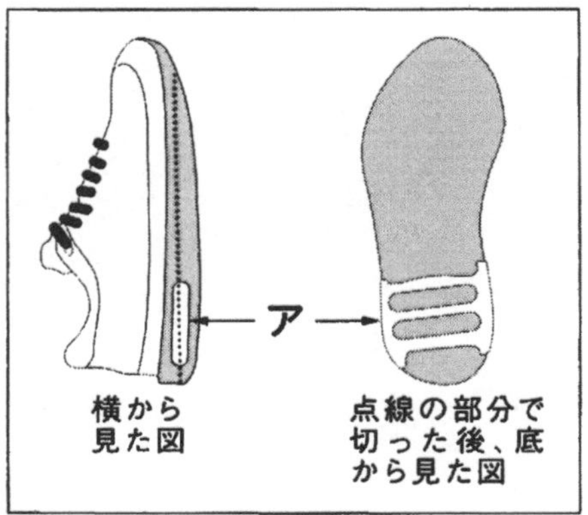

図2

みほさんは、会話の中の**それはね、**に続けて［　　］で、「歩いたときに はずむような感じがした理由」を閉じこめられた空気の性質を使って けんたさんに説明しています。あなたが みほさんだったら、どのように説明しますか。次の［　　］にかきましょう。

問2　みほさんの家族は、くつを買った後、スーパーマーケットに行き、ジュースを買うために、冷蔵《れいぞう》ショーケースに向かいました。次の［　　］は、そのときの会話の一部です。

み　ほ：「この冷蔵ショーケース（**図3**）は、とびらがないから、商品を取り出しやすいね。けれど、店内は冷蔵ショーケースの中よりもあたたかいのに、どうして、あたたかい空気が入ってこないのかな。」
けんた：「あれっ、この部分（**イ**）全体から、冷たい風が出ているよ。」
み　ほ：「この部分（**イ**）全体から冷たい風が出ていることと冷蔵ショーケースにあたたかい空気が入りにくいこととの間には、何か関係があるのかな。」
お母さん：「暖ぼうしている部屋は、部屋の上の方があたたかくなるでしょ。このことをもとに、この部分（**イ**）全体から冷やされた空気が出ることで、冷蔵ショーケースの外のあたたかい空気が中に入りにくくなる理由を考えてごらん。」

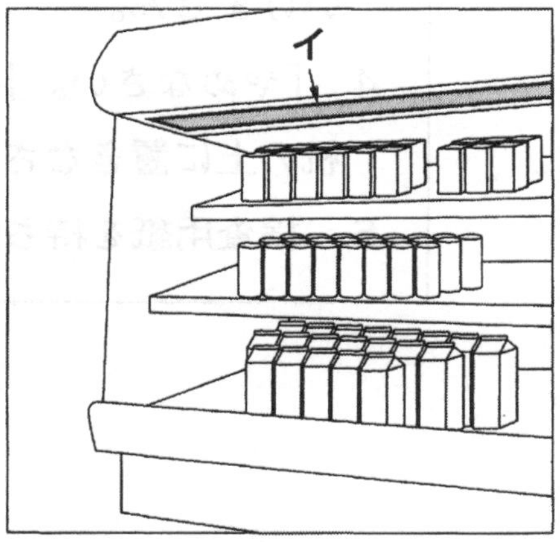

図3

みほさんは、「冷蔵ショーケースの外のあたたかい空気が中に入りにくくなる理由」をお母さんに説明しました。あなたが みほさんだったら、どのように説明しますか。あたためられた空気の性質をもとに考えた、冷やされた空気の性質を使って、下の［　　］にかきましょう。

検査番号	

※

2

６年生のたいちさんの学級では、総合的な学習の時間に「水の大切さと私《わたし》たちのくらし」というテーマで学習しています。

問1　たいちさんの学級では、４年生から６年生までを対象に、節水（水をむだにしないで使う量を減らすこと）についての調査を行いました。〔資料１〕は、今年の調査結果の一部を表したグラフです。

たいちさんたちが、〔資料１〕をもとに話し合っていたところ、先生から「これ（〔資料２〕）は２年前の調査結果です。この２つの資料を比べて考えると、あなたたち今年の６年生の［節水は大切だと思う人の割合］は、２年前と比べてどう変わったと言えますか。」と質問されました。

次の□は、そのときの話し合いの一部です。

> ゆみこ：「③と⑥のグラフを比べると、今年の６年生の［節水は大切だと思う人の割合］は、２年前と比べて増えているね。」
> たいち：「えっ、そうかな。ぼくは、こう考えたんだけど。
> **それはね、**□」

たいちさんは、発言の中の**それはね、**に続けて□で、ゆみこさんとは ことなる組み合わせのグラフを取り上げて、今年の６年生の２年間での［節水は大切だと思う人の割合］の変化について、ゆみこさんとは ことなる考えを説明しています。

あなたが たいちさんだったら、どのように説明しますか。次の□に、説明に必要なグラフの番号を使ってかきましょう。

〔資料１〕今年の調査結果

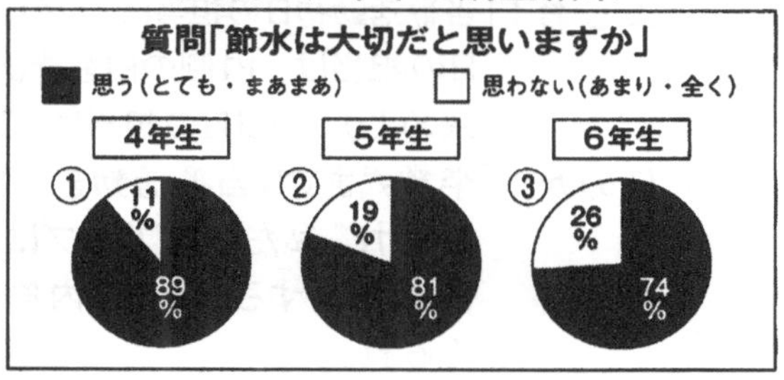

〔資料２〕２年前の調査結果

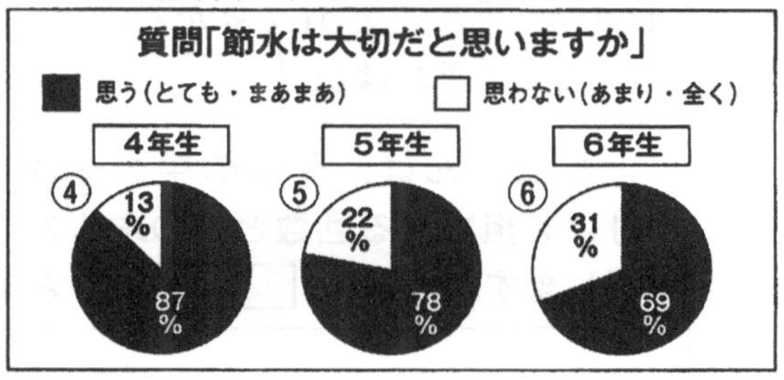

問2　たいちさんの学級では、学校や家庭で節水の取り組みを行った後、先生から〔資料３〕が示されました。たいちさんたちは、この資料をもとに、水の利用について、さらに話し合いました。

次の□は、そのときの話し合いの一部です。

> たいち：「〔資料３〕を見ると、生活用水よりも農業用水の割合が高いことが分かるね。」
> 先　生：「そうだね。では、次に〔資料４〕と〔資料５〕を見てごらん。この２つの資料それぞれから分かることを関連づけて気づくことはないかな。」
> たいち：「〔資料４〕から、日本の小麦の自給率は、低いことが分かるね。また、〔資料５〕からは、小麦の生産には、たくさんの水が必要だということが分かるね。」
> ゆみこ：「その２つのことを関連づけると、小麦の生産に必要な水について、日本と外国との関係が見えてくるね。
> **それはね、**□」

〔資料３〕世界全体の水利用の割合

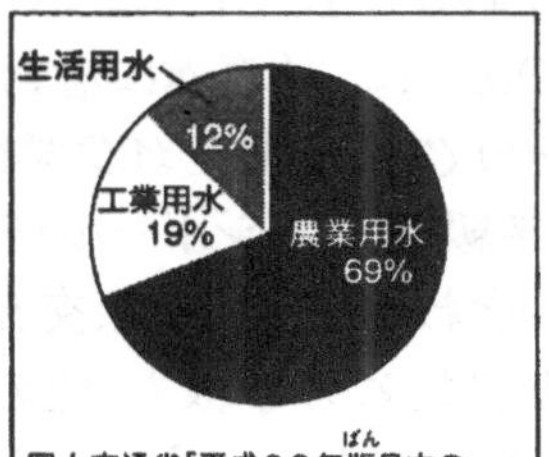

国土交通省「平成２８年版《ばん》日本の水資源の現況《げんきょう》」より作成

〔資料４〕日本の小麦の自給率

※平成２３年度から平成２７年度までの平均値

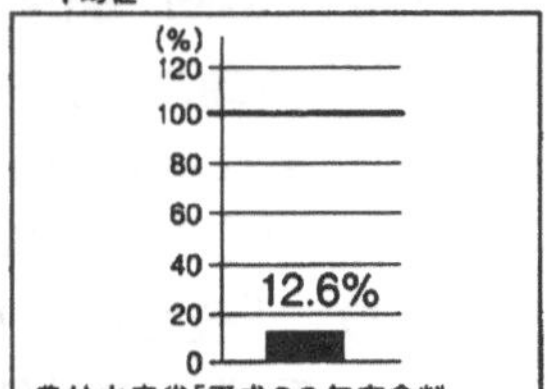

農林水産省「平成２８年度食料需給表《じゅきゅうひょう》」より作成

〔資料５〕生産するために必要だと考えられる水の量

小麦（1kgあたり）	1150L

「国連世界水発展報告書」より作成

ゆみこさんは、**それはね、**に続けて□で、小麦の生産に必要な水について、日本と外国との関係に気づき、たいちさんに説明しています。

あなたが ゆみこさんだったら、どのように説明しますか。〔資料４〕と〔資料５〕から分かることを関連づけて気づいたことを明らかにして、下の□にかきましょう。

検査番号	

※

3　ほのかさんが所属する体育委員会では、委員会の活動について話し合いました。

問1　体育委員会では、当番活動として、ＡからＧまでの７グループをつくり、２グループが体育倉庫の片付けを担当し、１グループが一輪車の貸し出しを担当することにしました。次の［　　］は、そのことについての話し合いの様子です。

よしお：「当番活動初日の担当は、このようにし（**図１**）、次の日の担当は、内側の円を時計回りに１区切り回して決めよう。２日目の担当は、こうなるね（**図２**）。」
ほのか：「卒業式までに当番活動をする日は、全部で172日あるけど、私たちＡグループは、体育倉庫の片付けを何回担当するのかな。内側の円を回して調べてみるね。」
よしお：「内側の円を回して全部調べなくても分かるよ。」
ほのか：「えっ、どうして分かるの。」
よしお：「**それはね、**［　　］」

【初日の担当割】

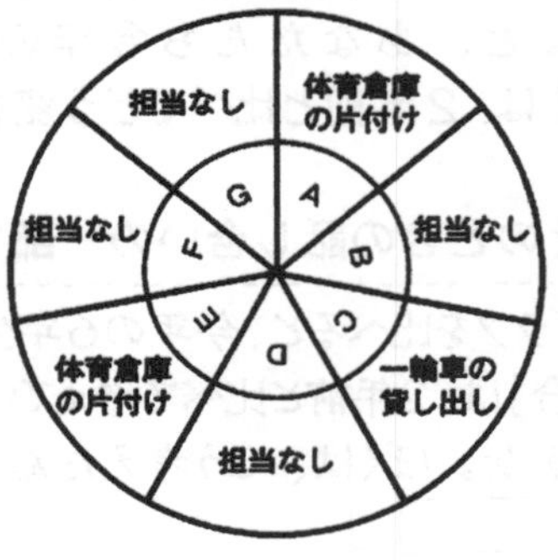

図１

【２日目の担当割】

図２

よしおさんは、発言の中の**それはね、**に続けて［　　］で、Ａグループが、卒業式までに体育倉庫の片付けを担当する回数とその求め方を言葉と式で説明しています。あなたが よしおさんだったら、どのように説明しますか。次の［　　］にかきましょう。

問2　ほのかさんの学校では、全校児童が仲よくなれるように、毎年、学年間の交流を行っています。今年度は、体育委員会が中心となり、昼休みに、レクリエーションをすることになりました。次の［　　］は、体育委員会が立てたレクリエーションの計画です。

ア　1の1、2の1、3の1、4の1、4の2、5の1、6の1、6の2の全8学級が、昼休みに集まり、「長なわとび」と「ドッジボール」での交流を行う。
イ　毎回、**図3**のように、体育館に活動コーナーを3か所とる。**活動コーナー**①と**活動コーナー**②では、それぞれ２学級で「長なわとび」を、**活動コーナー**③では、それ以外の4学級で「ドッジボール」をし、どの活動コーナーでも必ず交流を行っているように組み合わせる。どの回も、交流を行う学級の組み合わせは、と中でかえない。
ウ　「長なわとび」は、どの学級も、他の学年のすべての学級と１回ずつするが、同学年の学級とはしない。「ドッジボール」は、どの学級としてもよい。

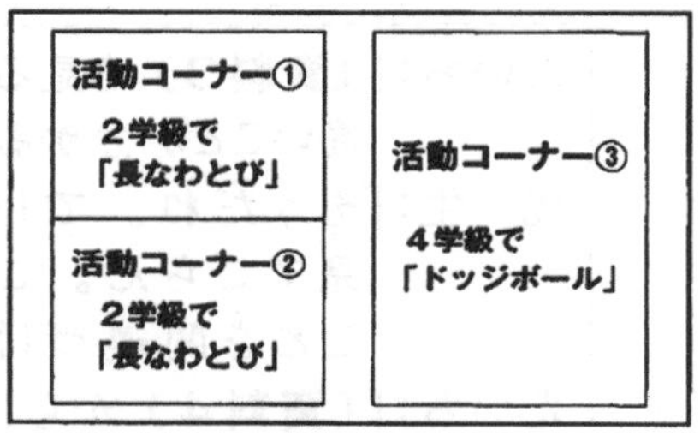

図３

ほのかさんは、この計画について、自分の学級の６の１が「ドッジボール」をする昼休みの回数は何回になりそうか考えてみました。あなたが ほのかさんだったら、どのように考えますか。考えの根きょを明らかにしながら、下の［　　］に、その求め方と回数をかきましょう。

作　文

（時間　四十分）

（一枚目）

〈注　意〉

一　問題用紙は表紙（この用紙）をふくめて二枚、原稿《げんこう》用紙は一枚あります。

二　問題用紙の枚数が不足していたり、やぶれていたり、また、印刷がはっきりしていない場合は、手をあげなさい。

三　原稿用紙の右下にある ※ には、何も書いてはいけません。

四　「やめなさい。」の合図で、すぐに筆記用具を置き、問題用紙は表紙を上にして机の上に置きなさい。

五　問題用紙を持ち帰ることはできません。

検査番号
氏　名

課題文

（二枚目）

次の文章を読んで、あとの問いに答えなさい。

太郎《たろう》さんの学校では、児童会として環境《かんきょう》を守るための取り組みを行うことになり、どのような取り組みができるかを各学級で話し合って発表することになりました。そこで、太郎さんの学級では、社会科の授業で、環境を守るためには私たち一人一人の行動が大切だということを学んだので、みんなが参加しやすいペットボトルのリサイクル活動を進めてはどうかという意見になり、「ペットボトルのリサイクル」について調べることにしました。

太郎さんはインターネットで調べてみました。すると、「地球環境を守るためにペットボトルのリサイクルを進めましょう。」という意見や「ペットボトルのリサイクルには多くの石油を必要とするので環境破壊《はかい》につながる。」という意見など、いろいろな意見が出てきました。太郎さんが花子さんにそのことを話すと、花子さんは、「ペットボトルのリサイクルには、いろいろな意見があるのね。インターネットを使って調べたことを参考にするときには気をつけなければいけないことがありそうね。」と言いました。太郎さんはそれを聞いて、「世の中にはいろいろな考え方があるので、自分の意見を相手に分かってもらうことは大変だな。自分の意見を発表するときには、気をつけなければいけないことがありそうだな。」と思いました。

数日がたち、学級での話し合いの日になりました。太郎さんたちは、調べたことを報告し合ったあと、やはりペットボトルのリサイクルをしたほうがよいという意見にまとまりました。次に、発表の内容や方法を決めることになりました。そのとき、次郎《じろう》さんが、「ぼくたちの発表を聞いて、みんなが『なるほど』と思ってくれるようにしなければいけないね。」と言いました。そこで太郎さんは、みんなを積極的にペットボトルのリサイクルに取り組む気持ちにするために、どのような発表をしたらよいかを考えてみました。

問一　――線部のように花子さんは言っていますが、あなたなら、インターネットで得た情報を参考にするとき、どのようなことに気をつけますか。情報収集《しゅうしゅう》手段《しゅだん》としてのインターネットの優《すぐ》れた点と問題点についてふれながら二百字から三百字で書きましょう。

問二　みんなを積極的にペットボトルのリサイクルに取り組む気持ちにするために、あなたが太郎さんだったら、どのような発表をしますか。本文の内容をふまえて、その内容や方法について、理由もふくめて具体的に二百字から三百字で書きましょう。

そのとき、次の【注意】にしたがって、原稿用紙に書きましょう。

【注意】
◎　原稿用紙には、題や氏名は書かないで、本文だけを書きましょう。
◎　文章を見直すときには、次の（例）のように、付け加えたり、けずったり、書き直したりしてもかまいません。

（例）

朝の会で、私が司会をしているとき、友だちが~~やさしく~~意見を~~書いて~~出してくれました。

30. 1

原稿用紙

検査番号

※

（三枚目）

配点非公表

問一

200

300

問二

200

300

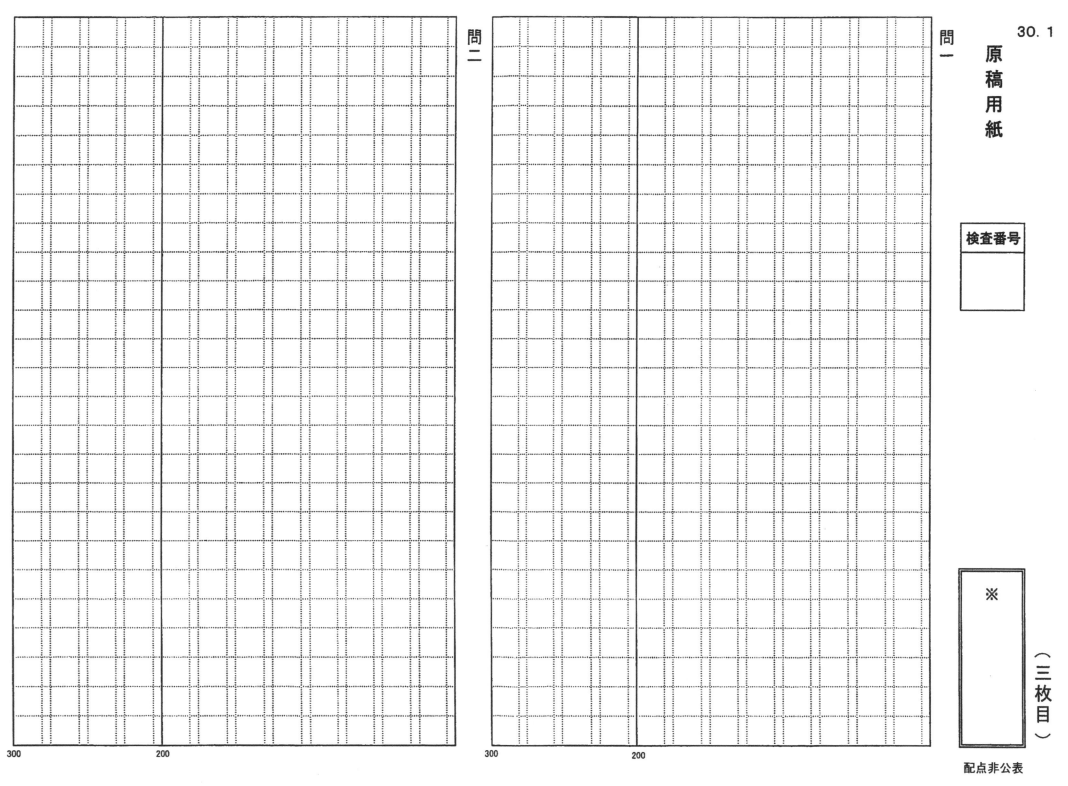

［福岡県立］
育徳館中学校
門司学園中学校
輝翔館中等教育学校
宗像中学校
嘉穂高等学校附属中学校

適性検査

（時間　50分）

＜注意＞

1　検査用紙は、表紙（この用紙）をふくめて４枚あります。

2　検査用紙の枚数が不足していたり、やぶれていたり、また、印刷がはっきりしていない場合は、手をあげなさい。

3　検査用紙の２枚目から４枚目の右上にある［※　　　］には、何もかいてはいけません。

4「やめなさい。」の合図で、すぐに筆記用具を置き、検査用紙は表紙を上にして机の上に置きなさい。

5　検査用紙を持ち帰ることはできません。

検査番号		氏名	

検査番号	

※

1

さおりさんは、兄のゆうたさんと一緒《いっしょ》に、科学館に行きました。

図１

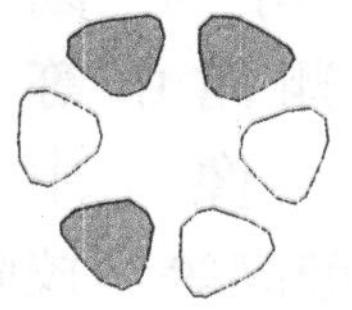

図２

問１　科学館の１階の「チャレンジ！自分の好きな色を花につけよう」という実験教室に行きました。そこには、**図１**のように２つの色がつけられたバラの花が展示されていました。係員さんが、「じつは、そのバラの花は、もともと白い花だったんですよ。」と教えてくれました。もとは白い花だったのに、**図２**のように花びらのそれぞれにちがう色がつけられていることに疑問をもったさおりさんは、係員さんにたずねました。

係員さんは、「学校で習ったように、色をつけた水を植物に取り入れさせると、花や葉などに色がつきます。植物のくきには、別々の水の通り道がいくつもあって、花や葉などのすみずみまで水が行きわたるようになっているからなんです。どうしたら２つの色をつけることができるでしょうか。実験のための道具や材料を準備しているので、方法を考えてやってみましょう。」と説明してくれました。

そこで、さおりさんは、１本の白いバラの花に青色と黄色の２つの色をつけることにしました。

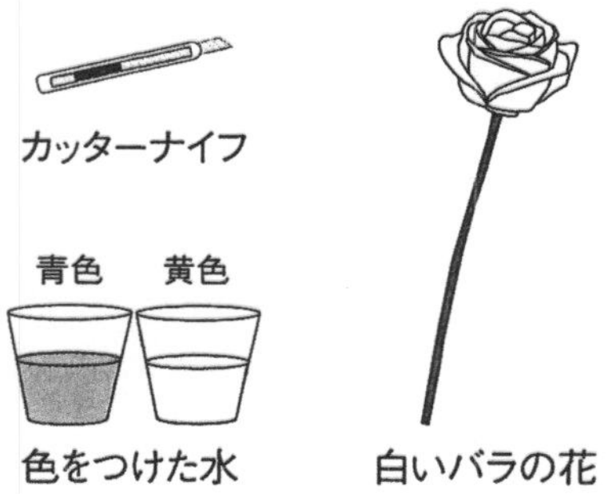

図３

あなたがさおりさんだったら、どのような方法で色をつけますか。**図３**の道具や材料を使って白いバラの花に２つの色をつける方法を、次の □ にかきましょう。

問２　２階の工作教室では、「不思議なかざぐるま」という工作をしていました。それは、**図４**のように手に持ったつまようじの上に、うすい紙でできたかざぐるまをのせると、かざぐるまが回り出すというものでした。かざぐるまには、周りからの風をさえぎるために、底面が開いている透明《とうめい》のプラスチックでできたカップをかぶせていました。

さおりさんとゆうたさんは、この工作をすることにしました。次の □ は、そのときの会話です。

さおり：「周りからの風がないのに、かざぐるまは、なぜ回るの。」
ゆうた：「それは、手の温度が関係しているからなんだよ。」
さおり：「そうなんだね。でも、私の工作は、カップをかぶせる（**図５**）と、回っていたかざぐるまが止まってしまったよ。」
ゆうた：「係員さんが見せてくれた工作（**図４**）をよく見てごらん。カップの底面が開いているよ。底面が開いていることで、かざぐるまは止まらずに回り続けるよ。」
さおり：「**なるほどね。** □ 」

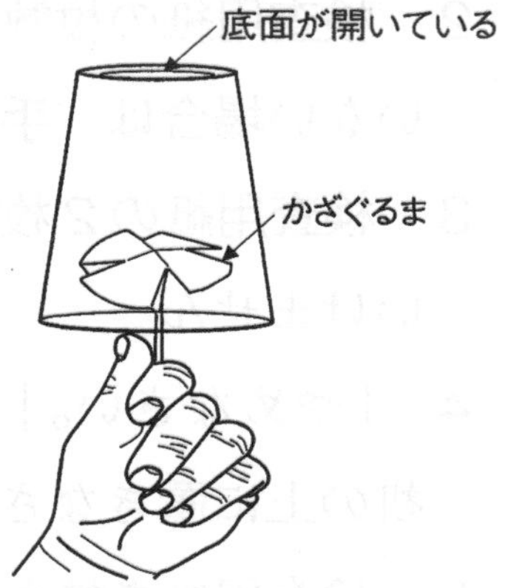

図４

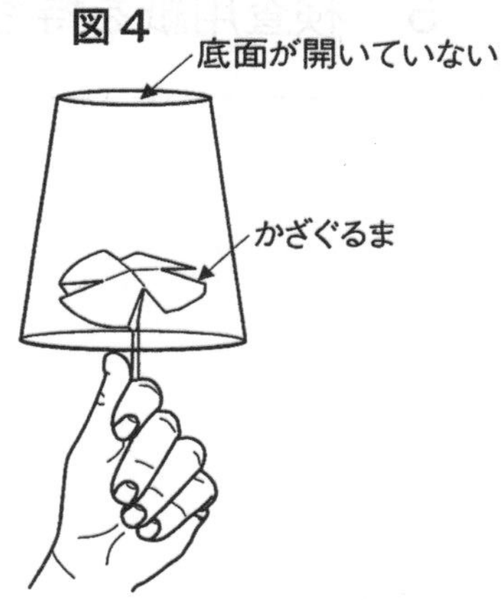

図５

さおりさんは、会話の中の**なるほどね。**に続けて □ で、カップの底面が開いていることで、かざぐるまが止まらずに回り続ける理由について説明しています。

あなたがさおりさんだったら、どのように説明しますか。次の □ にかきましょう。

検査番号	

※

2

よしこさんの学級では、総合的な学習の時間に「限りある資源を大切にしよう」というテーマで環《かん》境《きょう》問題について学習しています。よしこさんの班は、家庭ごみについて調べることにしました。

問1　よしこさんの班は、〔**資料１**〕をもとに、自分たちの住んでいるＡ市の家庭から出るごみの問題について調べました。

次の □ は、そのときのよしこさんとゆきおさんの会話です。

よしこ：「〔**資料１**〕の、家庭から出されたごみの総量が減少しているのは、ごみを減らす取り組みがうまくいっているということだね。でも、ごみは減らした方がいいのに、平成32年度は26年度より資源ごみを増やした目標にしているのはどうしてかな。」
ゆきお：「それには理由があると思うよ。こんなデータ(〔**資料２**〕)があったよ。」
よしこ：「**なるほど、**□」

よしこさんは、会話の中の**なるほど、**に続けて □ で、32年度は26年度より家庭ごみを減らしながらも資源ごみを増やした目標にしていることについて、〔**資料２**〕を見て考えたことをもとに説明しています。

あなたがよしこさんだったら、どのように説明しますか。次の □ にかきましょう。

〔**資料１**〕家庭から出されたごみの量と平成32年度の目標

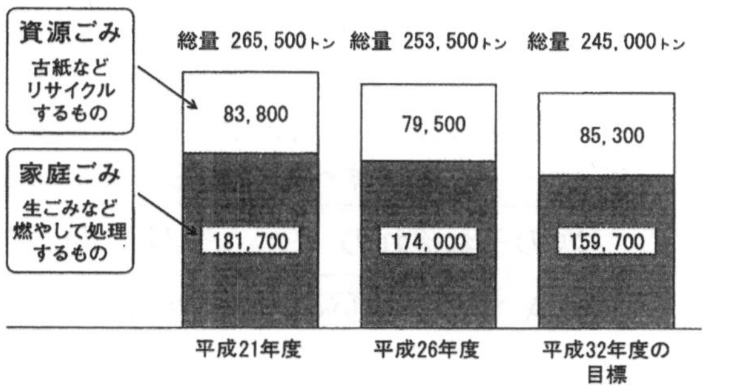

〔**資料２**〕家庭ごみにふくまれているリサイクル可能な古紙の量

平成26年度	19,800トン

〔資料１〕・〔資料２〕ともに「平成27年度Ａ市環境局の資料」より作成

問2　よしこさんは、家族と行った飲食店で、〔**資料３**〕に目がとまりました。そこにかかれている「食品ロス」という言葉に興味をもち調べてみると、〔**資料４**〕が見つかりました。食品ロスは学習のテーマと深くつながっていると考え、調べをすすめることを班の人に提案しました。

次の □ は、班での話し合いの様子です。

よしこ：「〔**資料４**〕を見ると、家庭でもたくさんの食品ロスがあることがわかるね。」
ゆきお：「福岡県も、県民にアピールするために〔**資料３**〕のステッカーを飲食店などに掲《けい》示《じ》しているんだね。」
よしこ：「私たちも、家庭での食品ロスを減らすために、自分たちにできることを考え、今度の学習発表会で伝えようよ。」

その後、よしこさんは、学習発表会に向けて発表原《げん》稿《こう》をかきました。その中で、食品ロスの問題点を主張し、その解決のために自分たちにできることを紹《しょう》介《かい》しています。そしてそのことから、限りある資源を大切にすることにつながる効果をかいています。

あなたがよしこさんだったら、どのような発表原稿をかきますか。社会科や家庭科などの学習や、家庭で経験したことをもとに、発表原稿を次の □ にかきましょう。

〔**資料３**〕福岡県食品ロス削《さく》減《げん》県民運動のステッカー

〔**資料４**〕家庭での食品ロスの種類と割合

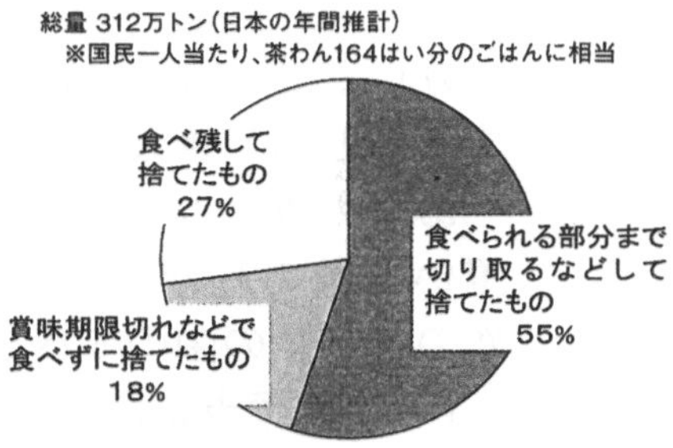

「平成27年度消費者庁のリーフレット」より作成

検査番号	

※

3

みゆきさんの学級ではお楽しみ集会で、班ごとに考えたゲームを行うことになりました。
そこで、みゆきさんの班は、数字をかいたカードを使ったゲームを２つ考えました。

問1　次の ▭ は、１つめのゲームのルールです。

> ア　問題を出す班は、１から９までの整数から重なりがないように４つ選ぶ。それらの数を（あ）、（い）、（う）、（え）の４枚のカードに１つずつかき、かいた数が答える班に見えないようにしておく。
> イ　問題を出す班は、答える班が（あ）、（い）、（う）、（え）のカードの数を当てるためのヒントを４つ考え、**図１**のように短冊《たんざく》にかく。
> ウ　答える班は、一斉《いっせい》に配られた４枚の短冊のヒントをもとに（あ）、（い）、（う）、（え）のカードの数をすべて答える。最初に正解した班を勝ちとする。
>
> （あ）と（い）のカードの数の差は　２
>
> **図1**　ヒントをかいた短冊の例

次のそれぞれの ▭ は、問題を出したみゆきさんの班が配った４枚の短冊です。

短冊A：（あ）と（い）のカードの数の差は　１
短冊B：（い）と（え）のカードの数の平均は　５
短冊C：（う）は（い）のカードの数より　４　大きい
短冊D：（あ）と（え）のカードの数の差は　３

次の ▭ は、最初に正解した班のひろきさんと、みゆきさんの会話です。

> みゆき：「ひろきさんの班は、ずいぶん早く正解したね。」
> ひろき：「**だって、** ▭ 。そのあと、残り２枚の短冊のヒントから考えるといいよ。」

ひろきさんは、会話の中の**だって、**に続けて ▭ で、初めに２枚の短冊に目をつけることで、あるカードの数が４通りに限られ、効率よく正解できたことを説明しています。

あなたがひろきさんだったら、どのように説明しますか。４枚のカードにかかれた整数とともに、次の ▭ にかきましょう。

	（あ）	（い）	（う）	（え）

問2　次の ▭ は、２つめのゲームのルールです。

> ア　１から９までの整数が１つずつかかれている９枚のカードをすべて使う。
> イ　**図2**のように正三角形の３つの辺に４枚ずつカードを置き、１つの辺に置いた数の和が３つの辺ともすべて等しくなるようにする。
> ウ　１つの辺に置いた数の和が最も大きい班を勝ちとする。
> エ　５分の制限時間内であれば、何度やり直してもよい。

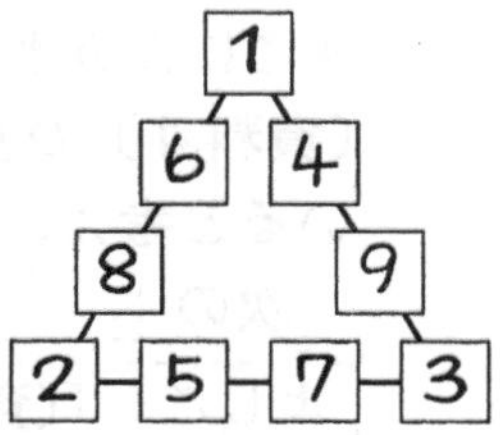

図2

次の ▭ は、２つめのゲームを行った後の、ひろきさんの班の会話です。

> ひろき：「勝った班は、１つの辺に置いた数の和が 23 だったね。私たちの班は 21 だったからおしかったね。」
> けいこ：「私はくやしくて、カードをいろいろ置いてみたけれど、何度やっても 23 より大きくすることは、できなかったよ。でも、その理由は計算で説明できることがわかったよ。**それはね、** ▭ 」

けいこさんは、会話の中の**それはね、**に続けて ▭ で、１つの辺に置いた数の和を 23 より大きくすることはできないことを、言葉と式で説明しています。

あなたがけいこさんだったら、どのように説明しますか。次の ▭ の中の**【図】**に、「１つの辺に置いた数の和が 23 になる場合」を１つ完成させ、**【説明】**に、23 より大きくすることはできないことを、次の「　」の中のすべての言葉を使ってかきましょう。

「３つの頂点に置いた数　　１から９までの数の和　　１つの辺に置いた数の和」

【図】

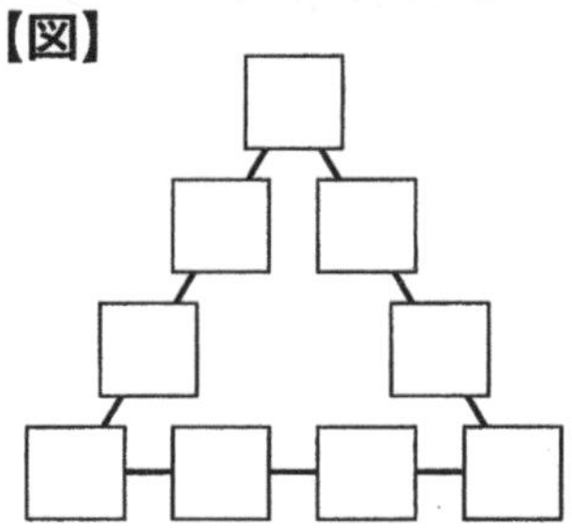

【説明】

K 教英出版

作文

（時間　四十分）

（一枚目）

〈注意〉

一　問題用紙は表紙（この用紙）をふくめて二枚、原稿《げんこう》用紙は一枚あります。

二　問題用紙の枚数が不足していたり、やぶれていたり、また、印刷がはっきりしていない場合は、手をあげなさい。

三　原稿用紙の右下にある ※ には、何も書いてはいけません。

四　「やめなさい。」の合図で、すぐに筆記用具を置き、問題用紙は表紙を上にして机の上に置きなさい。

五　問題用紙を持ち帰ることはできません。

検査番号
氏　名

課題文

（二枚目）

次の文章を読んで、あとの問いに答えなさい。

花子さんの小学校の図書室では、毎月の本の貸し出し数を学級ごとにまとめ、「図書便り」にのせています。花子さんの学級は、最近貸し出し数が減っています。花子さんは学級の図書委員をしているので、学級のみんなにもっと本を読んでほしいと考えました。

そこで、一緒《いっしょ》に図書委員をしている太郎《たろう》さんと相談して、花子さんが学級のみんなに呼びかけることにしました。

次の日、担任の先生にお願いして、帰りの会で図書委員からの呼びかけの時間を作ってもらいました。

花子さんは、どんな話をすればみんながもっと本を読んでくれるだろうかと考えました。日ごろから本をよく読んでいる花子さんは、「自分が本を読む理由」について話をしようと思いました。

花子さんは帰りの会で学級の本の貸し出し数について説明したあと、みんなに次のような話をしました。

「□」

話が終わると、自然と拍手《はくしゅ》が起こりました。みんなが一生けん命に話を聞いてくれたので、花子さんはうれしく思いました。

その日の放課後、太郎さんが話しかけてきました。

「今日の花子さんの話はとてもよかったよ。みんながたくさん本を読むようになればいいね。そのために、何か他にもできることはないかな。」

そこで、二人組を作り、毎日の帰りの会の時間に、好きな本を紹介《しょうかい》し合ってはどうかと考えました。先生に相談して、しばらくの間、やってみることにしました。相手をかえながら続けていく中で、本を借りる人が少しずつ増えてきて、一か月を過ぎたころには、学級のみんなが積極的に本を読むようになりました。

そして、学級のみんなが本を読むようになった結果、友だち関係によい変化が見られるようになりました。

問一　あなたが花子さんだったら、どのような話をして、読書をすすめようと思いますか。右の文章中の□に入る内容を二百字から三百字で書きましょう。

問二　みんなが積極的に本を読むようになった結果、友だち関係にどのようなよい変化が見られるようになったと思いますか。読書のよさにふれながら、あなたの考えを二百字から三百字で書きましょう。

そのとき、次の【注意】にしたがって、原稿用紙に書きましょう。

【注意】◎　原稿用紙には、題や氏名は書かないで、本文だけを書きましょう。

◎　文章を見直すときには、次の（例）のように、付け加えたり、けずったり、書き直したりしてもかまいません。

（例）

朝の会で、私が司会をしているとき、友だちが~~やさしく~~意見を~~書いて~~出してくれました。

29. 1

原稿用紙

検査番号

※

（三枚目）

問一

200

300

問二

200

300

［福岡県立］
育徳館中学校
門司学園中学校
輝翔館中学校
宗像中学校
嘉穂高等学校附属中学校

適性検査

（時間　50分）

＜注意＞

1　検査用紙は、表紙（この用紙）をふくめて４枚あります。

2　検査用紙の枚数が不足していたり、やぶれていたり、また、印刷がはっきりしていない場合は、だまって手をあげなさい。

3　検査用紙の２枚目から４枚目の右上にある［※　　］には、何もかいてはいけません。

4　「やめなさい。」の合図で、すぐに筆記用具を置き、この表紙を上にして机の上に置きなさい。

5　検査用紙を持ち帰ることはできません。

（配点非公表）

検査番号		氏名	

K 教英出版

検査番号	

※

1　ゆきさんと姉のようこさんは、冬の寒い日に家の掃除《そうじ》をすることにしました。

問1　ゆきさんは、ようこさんといっしょに、テーブルの真上にある**図１**のような照明器具のかさ（光を通さない素材でできていて内側が白色）を掃除するために、**図２**のようにかさを外しました。

ゆきさんが掃除を終えて、外していたかさをつけてスイッチを入れてみると、かさを外してスイッチを入れていたときと比べて、テーブルの表面が明るくなったように感じました。そこで、そのことをようこさんにたずねてみました。次の［　　］は、そのときの会話の一部です。

ゆ　き：「かさをつけてスイッチを入れたら、かさを外してスイッチを入れていたときよりも、テーブルの表面が明るくなった感じがするね。どうしてかな。」
ようこ：「そうだね。かさをつけたときと、かさを外したときとの光の進み方を比べて考えてごらん。」

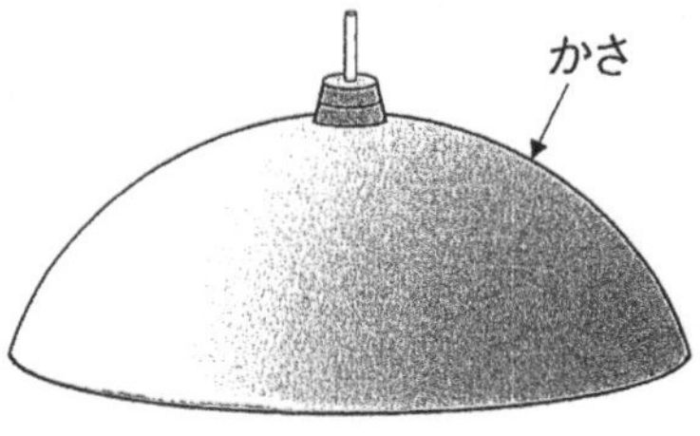

図１

図２

ゆきさんは、テーブルの表面が明るくなった理由を、図をかきながら説明しました。あなたがゆきさんだったら、どのような図をかきますか。また、どのように説明しますか。

かさをつけてスイッチを入れたときの光の進み方を、次の［　　］の**【かさをつけたときの光の進み方】**に、**図３**にならって ──→ でかきましょう。また、かさを外してスイッチを入れていたときに比べて、外していたかさをつけてスイッチを入れたときの方がテーブルの表面が明るくなった理由を、次の［　　］の**【説明】**に、言葉でかきましょう。

【かさを外したときの光の進み方】

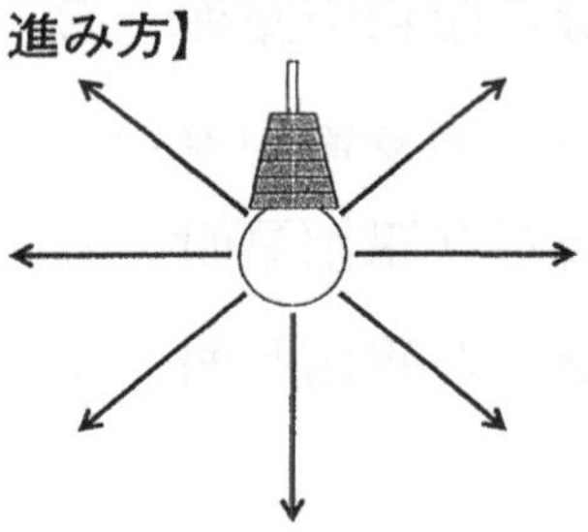

図３

【かさをつけたときの光の進み方】

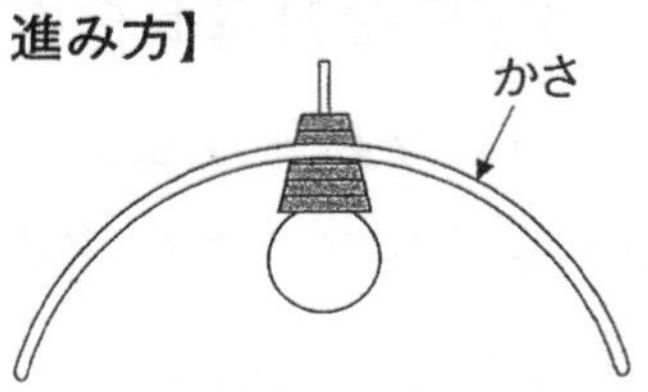

【説明】

問2　照明器具の掃除を終えた後、ゆきさんは、家の中から窓のガラスふきをしました。そのとき、同じ部屋の中に、ガラスに水のつぶがついている窓と、水のつぶがほとんどついていない窓がありました。そのことに疑問をもったゆきさんは、ようこさんにたずねました。

ようこさんは、〔資料〕を見せながら、「窓の構造がちがうんだよ。１枚のガラスでできている窓と、外側のガラスと内側のガラスの２枚のガラスでできている窓があるんだよ。今日のように家の外の空気が冷たくても、水のつぶがほとんどついていない窓は、２枚のガラスでできている窓なんだ。ガラスの温度と、家の中の空気にふくまれる水蒸気との関係を考えてごらん。」と教えてくれました。

２枚のガラスでできている窓は、１枚のガラスでできている窓に比べて、ガラスに水のつぶがつきにくい理由を、次の「　」の中のすべての言葉を必ず使って、下の［　　］にかきましょう。

「 内側のガラス　　家の外の空気　　空気にふくまれる水蒸気 」

〔資料〕窓の構造

【１枚のガラスでできている窓】

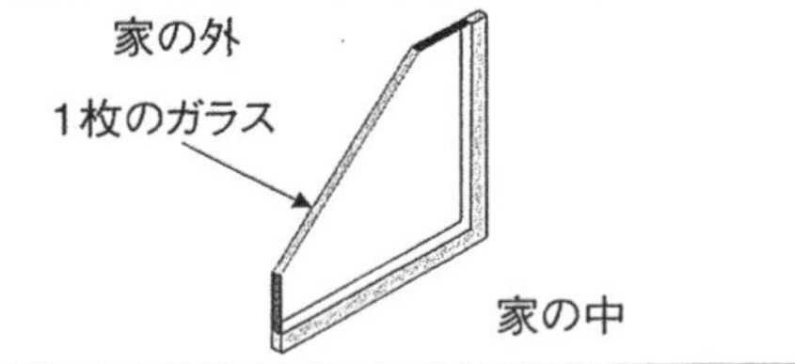

【２枚のガラスでできている窓】

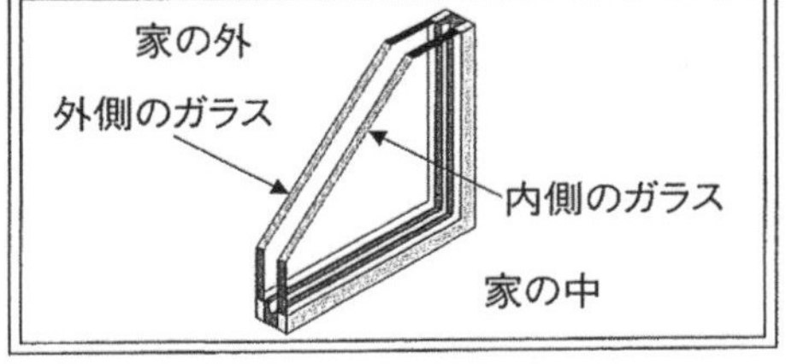

検査番号	

※

2　たろうさんと れいこさんが所属する保健委員会では「健康的な生活づくり」についての取り組みで、睡眠《すいみん》の大切さについて発表することにしました。

問1　保健委員会では、睡眠時間と一日を元気に過ごせていることとは関係があると考え、次の〔**アンケート**〕を行うことにしました。そこで、たろうさんは委員会の話し合いで〔**アンケート**〕の数値を集約するために次の〔**表のわく**〕を使うことを提案しました。

〔**アンケート**〕

> 次の質問について、できていれば○を、できていなければ×を（　　　）にかきましょう。
> １　睡眠時間を８時間以上とっている　（　　　）
> ２　一日を元気に過ごせている　　　　（　　　）

〔**表のわく**〕

	○	×	計
睡眠時間を８時間以上とっている			
一日を元気に過ごせている			

次の［　　］は、そのときの話し合いの一部です。

> たろう：「この〔**表のわく**〕を使って、〔**アンケート**〕の数値を集約しようよ。」
> れいこ：「でも、この〔**表のわく**〕だと、睡眠時間を８時間以上とっていることと一日を元気に過ごせていることとの関係は分からないね。関係が分かるように集約するには、〔**表のわく**〕をつくり変えた方がいいと思うわ。」

あなたが れいこさんだったら、〔**アンケート**〕の数値を集約するためにどのような〔**表のわく**〕につくり変えますか。〔**表のわく**〕を次の［　　］にかきましょう。

問2　保健委員会では、〔**アンケート**〕を行い、結果をまとめました。すると、睡眠時間を８時間以上とっている人の多くが、一日を元気に過ごせており、睡眠時間を８時間以上とっていない人の多くが、一日を元気に過ごせていないことが分かりました。

一方で、睡眠時間を８時間以上とっている人の中でも、一日を元気に過ごせていない人がいることが分かりました。このことから、保健委員会では睡眠時間の長さである睡眠の量だけでなく、ぐっすり眠《ねむ》るという睡眠の質も、一日を元気に過ごせていることと関係があると考え、睡眠の量についての発表と睡眠の質についての発表をすることにしました。れいこさんは、「睡眠の質を高める」ことをテーマにして発表することになりました。

そこで、れいこさんは、以前、学校の図書室にあった資料で睡眠について調べた内容をかいた次の【**ノート**】を見せながら、先生に発表原稿《げんこう》のまとめ方を相談したところ、次の【**アドバイス**】を受けました。

【**ノート**】

> （１）　一日を元気に過ごせるようにするためには、ぐっすり眠るという睡眠の質が大切である。
> （２）　寝《ね》る直前に携帯《けいたい》型ゲームをすると、早く寝つけない。
> （３）　適度に運動することを習慣にすると、早く寝つける。
> （４）　睡眠時間の不足は、体調をくずすことにつながる。
> （５）　早く寝つけると、ぐっすり眠ることができる。
> （６）　休日にまとめて睡眠時間をとっても、平日の睡眠時間の不足は補えない。

【**アドバイス**】

> ・　【**ノート**】の（１）～（６）の内容の中から、「睡眠の質を高める」というテーマにそった内容を選ぶこと
> ・　選んだ内容について、それらの関係が分かるように整理してかくこと

この後、れいこさんは先生からの【**アドバイス**】をもとに、発表原稿を作成しました。あなたが れいこさんだったら、どのような発表原稿を作成しますか。下の［　　］にかきましょう。

検査番号	

※

3　６年生の とおるさんが所属する環境《かんきょう》委員会では「花いっぱいの学校にしよう。」というめあてを決め、花を植えたり学校の植物の世話をしたりする活動に取り組むことにしました。

問1　委員長の とおるさんは、３４人の環境委員全員で分担して仕事をするために、副委員長の ちづるさんとグループの分け方について話し合いました。次の　　　は、そのときの会話の一部です。

とおる：「パンジーの花植えなど全部で16の仕事があるね。」
ちづる：「16の仕事を全員で分担して行うために、34人を4人グループと5人グループに分けましょう。そして、各グループが担当する仕事の数が同じになるようにするといいわね。」

その後、とおるさんは、ちづるさんの提案に合わせて４人グループの数と５人グループの数を決めました。
とおるさんが決めた４人グループの数と５人グループの数を、次のそれぞれの　　　にかきましょう。

４人グループの数		５人グループの数	

問2　パンジーの花を植える担当になった けんじさんと ゆうこさんのグループは、４つのプランターを図のように並べたものを１０組つくって、パンジーの花を植えることにしました。
次の　　　は、そのときの会話の一部です。

けんじ：「まず、プランターを図の㋐〜㋓のように並べるよ。そして、1つのプランターに植える花の色は1種類に決めて、となり合うプランターの花の色が同じにならないように植えようよ。」
ゆうこ：「それなら、㋐〜㋓の花の色の並び方が、10組すべてちがったものになるようにしましょう。」
けんじ：「それはいいね。パンジーの花は、赤色、黄色、桃色《ももいろ》の3種類が準備できるけれど、花の色の並び方が全部で何通りあるかが分かれば、10組すべてちがったものにできるかどうか確かめられるね。」

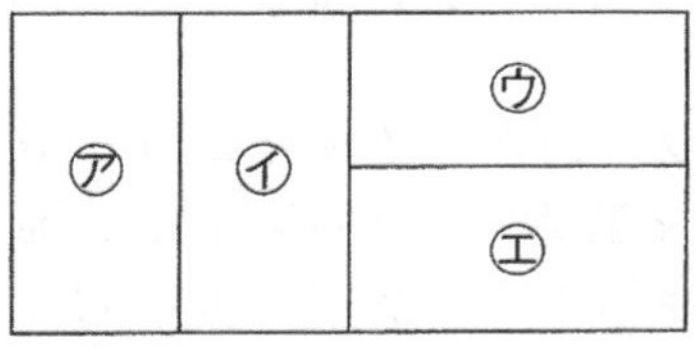

図

そこで、ゆうこさんは、となり合うプランターの花の色が同じにならないように植えた場合、㋐〜㋓の花の色の並び方が全部で何通りあるかを、順序よく整理しながら けんじさんに説明しました。
あなたが ゆうこさんだったら、どのように説明しますか。次の　　　にかきましょう。

問3　とおるさんは、花だんの「落ち葉集め」と「水やり」の仕事を担当しています。いつもは、同じグループの４年生２人、５年生２人と協力して仕事をしています。明日、とおるさんは、代表委員会に出席するため、途中《とちゅう》までしか仕事をすることができません。そこで、落ち葉集めと水やりがどちらもちょうど２０分で終わるような仕事の進め方を考えました。下の　　　は、とおるさんが考えた、仕事の進め方の一部です。

ア．５人で同時に仕事を始め、とおるさんは途中まで落ち葉集めを行う。
イ　４年生２人が落ち葉集めから始め、５年生２人は水やりから始める。４年生と５年生は途中で仕事を交代する。

４年生２人だけで仕事を行うときにかかる時間は、落ち葉集めが３６分、水やりが２４分です。
５年生２人だけで仕事を行うときにかかる時間は、落ち葉集めが２４分、水やりが１８分です。
とおるさんだけで仕事を行うときにかかる時間は、落ち葉集めが４５分、水やりが３０分です。

落ち葉集めと水やりがどちらもちょうど２０分で終わるようにするために、５人が同時に仕事を始めてから何分後に４年生２人と５年生２人は仕事を交代すればよいですか。また、とおるさんは、落ち葉集めを何分行えばよいですか。４年生２人と５年生２人が仕事を交代する時間を、下の　　　の①に、とおるさんが落ち葉集めを行う時間を、下の　　　の②に、それぞれかきましょう。

①　　　　　　　　分後	②　　　　　　　　分

作文

（時間　四十分）

※平成28年度より，
各校とも作文については共通問題を実施

（一枚目）

〈注意〉

一　問題用紙は表紙（この用紙）をふくめて二枚、原稿《げんこう》用紙は一枚あります。

二　問題用紙の枚数が不足していたり、やぶれていたり、また、印刷がはっきりしていない場合は、だまって手をあげなさい。

三　原稿用紙の右下にある［※］には、何も書いてはいけません。

四　「やめなさい。」の合図で、すぐに筆記用具を置き、この表紙を上にして机の上に置きなさい。

五　問題用紙を持ち帰ることはできません。

検査番号
氏　名

課題文

次の文章を読んで、あとの問に答えなさい。

山田さんの学校では、十一月に文化発表会を行っています。文化発表会では六年生の各クラスが音楽や劇などの発表をします。六年生の山田さんのクラスでは、話し合いで、リコーダーの二部合奏をすることになりました。

発表会が近くなってきたある日の練習で、先生が言いました。

「これまでに曲を選び、高音パート、低音パートのメンバーを決めました。そして、前の時間は個人で練習しましたね。そこで、今日は少人数のグループで全員の音がぴったり合うように、協力して練習しましょう。」

そして、先生はそれぞれのパートを六人ずつの三グループに分けて、

「この時間の終わりにグループごとに吹《ふ》いてもらいます。グループの練習時間は三十分です。この時間で各グループの音が合えば、次の練習の時間は、パートごとの音合わせに進めますね。それでは、リーダーを決めてから練習を始めてください。」

と言いました。

山田さんは、あるグループのリーダーになりました。みんなに、

「最初の十分間は、個人で練習しよう。その後、グループ全員で音を合わせよう。」

と言って練習を始めました。

個人練習が終わりに近づき、山田さんのグループでは、すでにすらすらと吹けるようになっている人もいれば、なかなかうまく吹けない人もいます。

そのとき、ふと気づくと、同じグループで練習していた木村さんは練習をやめていました。

問　あなたが山田さんだったら、木村さんに何と声をかけようと考えますか。また、グループ全員の音がぴったり合うようにするために、残りの練習をどのように、進めようと考えますか。それぞれの理由もふくめて、四百字から六百字で書きましょう。

そのとき、次の【注意】にしたがって、原稿用紙に書きましょう。

【注意】

◎　原稿用紙には、題や氏名は書かないで、本文だけを書きましょう。

◎　文章を見直すときには、次の（例）のように、付け加えたり、けずったり、書き直したりしてもかまいません。

（例）

朝の会で、私が司会をしているとき、友だちが~~やさしく~~
意見を~~書いて~~出してくれました。

原稿用紙

検査番号

※

（三枚目）

（配点非公表）

100 200 300 400 500 600

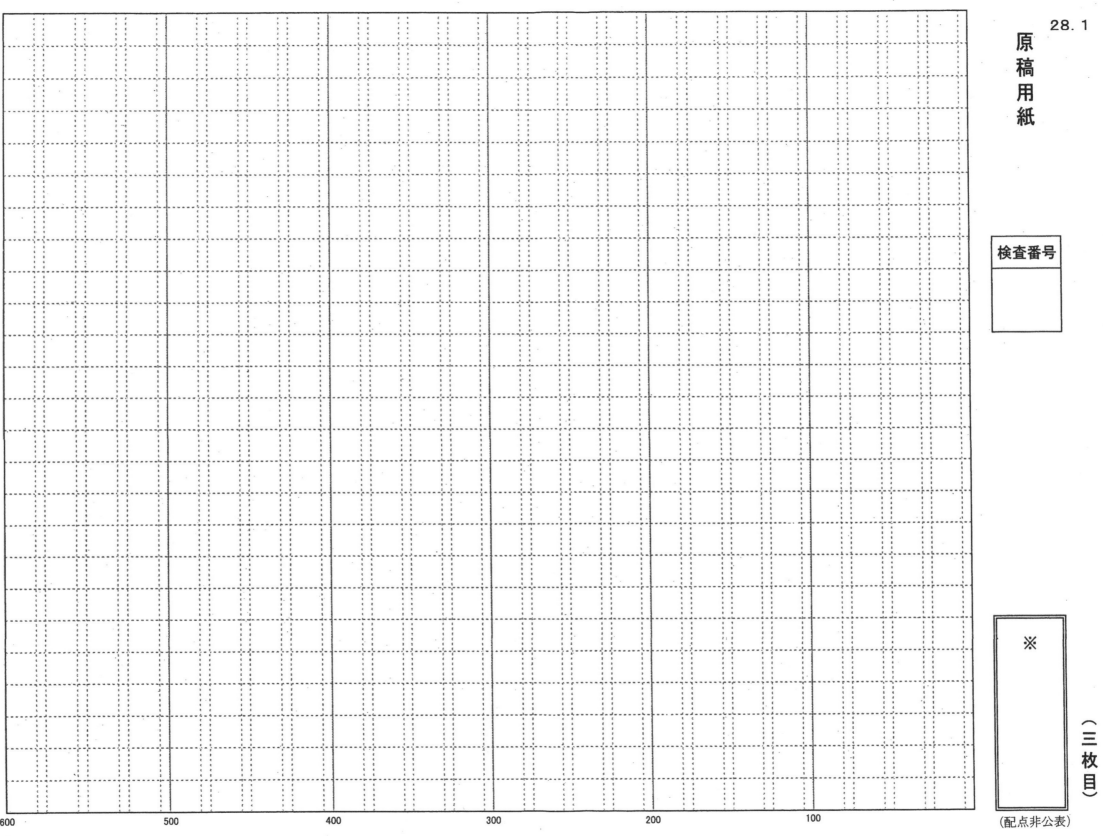

［福岡県立］
育徳館中学校
門司学園中学校
輝翔館中等教育学校
宗像中学校
嘉穂高等学校附属中学校

平成27年度

適性検査

（時間　50分）

＜注意＞

1　検査用紙は、表紙（この用紙）をふくめて４枚あります。

2　検査用紙の枚数が不足していたり、やぶれていたり、また、印刷がはっきりしていない場合は、だまって手をあげなさい。

3　検査用紙の２枚目から４枚目の右上にある［※　　　］には、何も書いてはいけません。

4　「やめなさい。」の合図で、すぐに筆記用具を置き、この表紙を上にして机の上に置きなさい。

5　検査用紙を持ち帰ることはできません。

※配点非公表

検査番号		氏　名	

検査番号	

※

1　ゆかさんは、冬休みに家族で時計博物館に行きました。

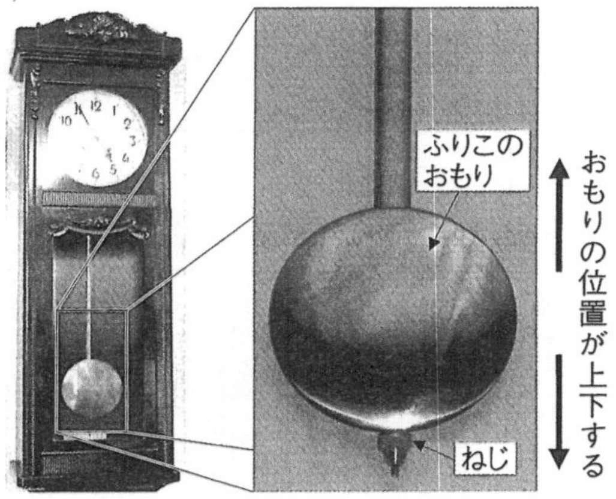

図１　　図２

問１　はじめに、時計の展示コーナーを見学した ゆかさんは、**図１**のようなふりこ時計を見つけました。この時計は、ふりこの動きを利用して針を正確に進める仕組みになっていました。ふりこの動く様子を見ていた ゆかさんは、**図２**のように、ふりこのおもりの下にねじが付いていることに気づきました。疑問をもった ゆかさんは、ねじが付いている理由を係員さんにたずねました。

係員さんは、「ねじは、おもりの位置を上下させるために付いています。ねじを回しておもりの位置を上下させることで、ふりこの１往復する時間を調整しています。ふりこが金属でできている時計は、ねじで調整しないと、季節によって針が速く進みすぎたり、おくれたりするのですよ。」と教えてくれました。

ふりこが金属でできていると、季節によって針が速く進みすぎたり、おくれたりする理由を、次の「　」の中のすべての言葉を必ず使って、次の□に書きましょう。

「金属　ふりこの１往復する時間」

問２　展示コーナーの見学を終えた ゆかさんと弟の さとしさんは、子供体験コーナーに行きました。そこには、ガラスでできた大きな砂時計が展示されていました。係員さんから「くびれているところの下の部分に、手のひらを当ててごらん。」と言われた さとしさんが、**図３**のように手のひらを当てると、上から下に落ちる砂時計の砂の流れが、いっしゅんピタッと止まりました。おどろいた ゆかさんと さとしさんは、砂の流れが止まる理由を係員さんに教えてもらいました。

図３

しかし、そのときの説明では、十分《じゅうぶん》に理解できなかった さとしさんは、家に帰った後、砂時計の砂の流れが止まる理由を ゆかさんにたずねました。そこで、ゆかさんは、**図４**のように、ガラスびんの上に水でぬらした１円玉をのせて、ガラスびんを手のひらでにぎる実験をしてみせました。そして、まず、実験で起こったこととそうなる原因を説明しました。次に、そのことと関係づけて砂時計の砂の流れが止まる理由を説明しました。あなたが ゆかさんだったら、どのように説明しますか。下の□に書きましょう。

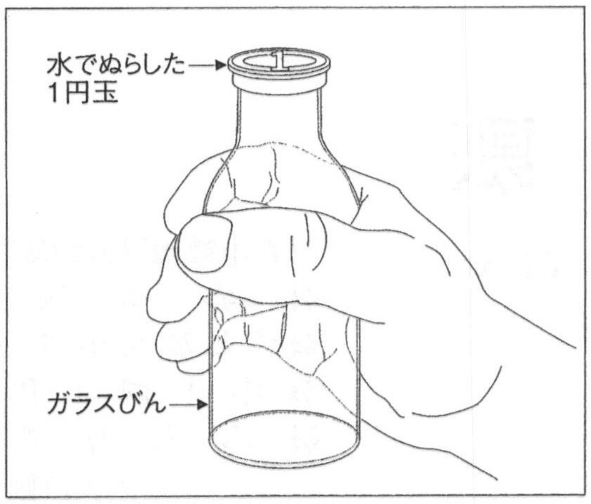

図４

検査番号	

※

2

そうたさんたちの通う学校では、毎年行う秋祭りに、今年は地域《ちいき》の方々を招待することにしました。
見るだけでなく、参加して自分たちと一緒《いっしょ》に楽しんでほしい、という願いから、「地域の方々も一緒に歌ったり、踊《おど》ったり、遊んだりして、みんなで楽しめる秋祭りをしよう。」というめあてを決めました。

問1　実行委員の そうたさんと はなえさんは、めあてにそって〔資料１〕の去年の秋祭りの内容を見直すために話し合いました。
次の［　　　］は、そのときの話合いの一部です。

〔資料１〕去年の秋祭りの内容

1　音楽発表
・各学年で選んだ歌を学年ごとに合唱する。
2　全校ダンス
・全校にアンケートをとって１位になった曲を全校で踊る。
3　お店屋さんコーナー
・各学級でお店を出し、上学年と下学年が一緒に見て回る。

そうた：「去年の秋祭りの内容のままでもいいと思うよ。なぜかと言うと、去年も全校のみんなで楽しめたからね。」
はなえ：「確かにみんなで楽しめたけれど、そうたさんの理由には納得《なっとく》できないな。**それはね、**［　①　］。しかも、去年の秋祭りの内容のままでは、今年のめあてにそっていないよ。**だって、**［　②　］。」

はなえさんは、発言の中の**それはね、**に続けて［　①　］で、「そうたさんの理由に納得できないわけ」を説明しています。また、**だって、**に続けて［　②　］で、「去年の秋祭りの内容が今年のめあてにそっていないと思ったわけ」を説明しています。あなたが はなえさんだったら、この２つのことをどのように説明しますか。下のそれぞれの［　　　］に書きましょう。

①	
②	

問2　めあてにそって、秋祭りの内容を見直した そうたさんと はなえさんは、秋祭りのことを地域の方々に知らせるために〔資料２〕のポスターの下がきをしました。
下がきを終えて、さらによいものに改善《かいぜん》したい、と考えた そうたさんたちは、参考になる資料を探《さが》し、〔資料３〕の福《ふく》岡《おか》県《けん》の観光ポスターを見つけました。そして、どのように改善するかについて話し合いました。
次の［　　　］は、そのときの話合いの一部です。

〔資料２〕
ポスターの下がき

〔資料３〕
福岡県の観光ポスター

そうた：「〔資料３〕のポスターをくださった福岡県庁の方は、『福岡県はどこからでも楽しめる、ということと、そのための観光名所や特産物がたくさんある、ということをこのポスターを見た人に強く印象づけたい、と考えてポスターを作りました。』とおっしゃっていたよ。」
はなえ：「その考えは、私たちの考えと同じね。〔資料３〕のポスターのよさを、秋祭りのポスターに取り入れて、地域の方々も参加して一緒に楽しんでほしい、ということと、地域の方々も楽しめる内容がたくさんある、ということを強く印象づけるようなポスターに作り直そうよ。」

この話合いの後、そうたさんたちは〔資料３〕のポスターのよさを、〔資料２〕のポスターの下がきに取り入れて、２つのことを改善しました。あなたが そうたさんたちだったら、〔資料２〕のポスターの下がきをどのように改善しますか。下の［　　　］に１つずつ書きましょう。
ただし、「改善する目的」と「改善すること」がわかるように、「～するために、～する。」というような文で書きましょう。

検査番号	

※

3　ひろしさんの学級では、土曜授業で保護者とドッジボール大会を行うことになりました。
ひろしさんたち計画委員が担任の先生と話し合って決めたきまりは次の［　　　］のとおりです。

ア　チームは大人と子供の混合でA、B、C、D、Eの５チームをつくり、右の図のように外野は大人３人、内野は大人も子供も６人ずつで試合を始める。
イ　試合は、５チームの総当たり戦（全部で１０試合)を行い、２つのコートを使って２試合同時に進める。
ウ　大人は1回当てられると外野に出る。子供は２回当てられると外野に出る。
エ　外野の人は内野の人にボールを1回当てると、内野に入ることができる。
オ　勝敗は内野に残った人数が多いチームを勝ちとする。順位はチームが得た勝ち点の合計点で決める。(勝ち点：試合に勝てば２点、引き分ければ1点、負ければ0点)
カ　１試合当たりの時間はすべて同じにし、最初の試合を始めてから最後の試合を終えるまでの時間は８０分間とする。
キ　試合と試合の間に休憩《きゅうけい》の時間を必ずもうけ、休憩の時間はすべて同じにする。
ク　1試合当たりの時間と休憩の時間は分単位（ちょうど□分間）となるようにする。

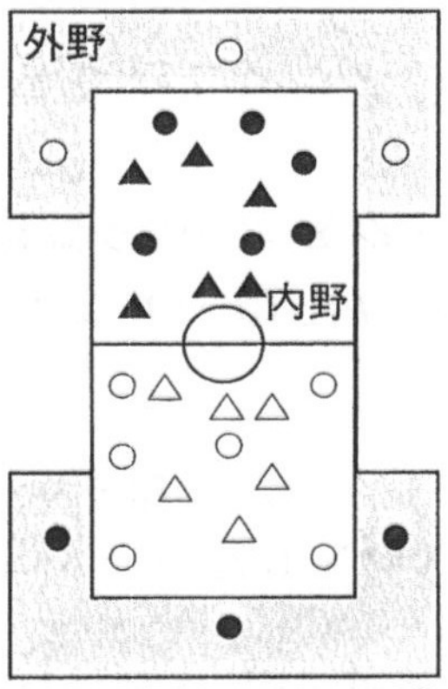

●、○…大人、▲、△…子供
図

問1　ひろしさんは、担任の先生と話し合って決めたきまりにそって、1試合当たりの時間が最も長くなるように考えました。あなたが ひろしさんだったら、どのように1試合当たりの時間を考えますか。その考え方と1試合当たりの時間を、次の「　」の中のすべての言葉を必ず使って、次の［　　　］に書きましょう。
「休憩の時間　1つのコートで行われる試合の数」

問2　ドッジボール大会で、総当たり戦の10試合すべてが終わり、記録係の たけしさんは、右の表に各チームの勝ち点の合計点を書いていました。すると、右のように たけしさんがDチームまで書き終えたところで、ゆうこさんが「Eチームの試合の結果が分からなくても、表からEチームの勝ち点の合計点を求めることができるよ。」と言い、すぐにEチームの勝ち点の合計点を言い当てました。あなたがゆうこさんだったら、Eチームの勝ち点の合計点をどのように求めますか。その求め方とEチームの勝ち点の合計点を、次の［　　　］にそれぞれ書きましょう。

表

チーム	A	B	C	D	E
勝ち点の合計点	6	1	2	6	

求め方		勝ち点の合計点
		点

問3　勝ち点の合計点を表に整理したところ、AチームとDチームは勝ち点の合計点が並びました。
そこで、きまりの「エ」を、下の［　　　］のように変えて決勝戦を行いました。

外野の人は内野の人にボールを当てても、内野に入ることはできない。(はじめに外野にいた人も同じ)

その結果、Aチームの内野には大人が２人、子供が２人残りました。ボールを当てられた回数は、Dチームの方が1回多いのに、内野には５人が残ったので、Dチームが優勝しました。
このような結果になるすべての場合から、Dチームの内野に残った人数とボールを当てられた回数について、２つの場合を選び、下の［　　　］に書きましょう。

内野に残った人数	ボールを当てられた回数
大人　　人、子供　　人	大人　　回、子供　　回

内野に残った人数	ボールを当てられた回数
大人　　人、子供　　人	大人　　回、子供　　回

作文

（時間　四十分）

（一枚目）

〈注　意〉

一　問題用紙は表紙（この用紙）をふくめて二枚、原稿《げんこう》用紙は一枚あります。

二　問題用紙の枚数が不足していたり、やぶれていたり、また、印刷がはっきりしていない場合は、だまって手をあげなさい。

三　原稿用紙の右下にある　※　には、何も書いてはいけません。

四　「やめなさい。」の合図で、すぐに筆記用具を置き、この表紙を上にして机の上に置きなさい。

五　問題用紙を持ち帰ることはできません。

検査番号
氏　名

福岡県立育徳館中学校

課題文

次の文章は、育徳館中学校の学校通信です。この文章を読んで、あとの問いに答えなさい。

（二枚目）

学校通信

福岡県立育徳館中学校

みんなが楽しく、より良い学校生活を送るために

育徳館に通うすべての生徒が、「楽しく、より良い学校生活を送ること」は、保護者や先生の願いであり、みんながかしこく、たくましく、心豊かに成長する基礎《きそ》になります。そんな学校生活の第一歩は、一人ひとりの「小さな心がけ」から始まります。

心がけ その１「時と場のルールを守ること」

学校や社会には、その「時と場」のルールがあります。「時」のルールとは、決められた時間を守って行動することです。また「場」のルールとは、その場にふさわしい発言・行動をとることや、みんなで過ごす場所をきれいに整えておくことなどです。一人ひとりが、けじめのある行動をし、秩序《ちつじょ》（物事の正しい順序。規則。）のある学校生活を送ることは、みんなの安全・安心を守ります。

心がけ その２「粘り強く努力し続けること」

興味《きょうみ》や意欲をもって始めたことでも、思うように成果や上達が実感できないとき、私たちは「無理かもしれない」と悩《なや》んだりします。それでも、周りの人たちの支えや励《はげ》ましの中で、頑張《がんば》り続けることができた経験はありませんか。目標に向かって努力し続けていく一人ひとりの「粘《ねば》り強さ」が集まったとき、それは、クラスや学校にとって大きな力となるはずです。

心がけ その３「思いやりをもって仲間に接すること」

「誰《だれ》もが仲間はずれにされたり、いやな思いをしたりすることなく、一人ひとりが認められる。一生懸命《けんめい》な姿を心から応援《おうえん》し、してはいけないことや卑怯《ひきょう》なことは許さない。一人はみんなのために、みんなは一人のために行動する。」そういった温かい思いやりでつながった集団は居心地《いごこち》がよく、明るく活気に満ちた学校をつくります。

一人ひとりの「小さな心がけ」を集めて、誰もが「楽しく、より良い学校生活を送ること」ができる育徳館にしていきましょう。

福岡県立育徳館中学校

問一　「みんなが楽しく、より良い学校生活を送るために」の、三つの「心がけ」の中から、あなたが一番大切にしていきたいと思うものを一つ選び、そう思う理由をあなたが体験したことをあげて、二百字から三百字で書きましょう。

問二　「問一」で選んだ「心がけ」をクラスや学校のみんなに広げていくために、あなたができることを、あなたがとる行動や使う言葉の例をあげながら、二百字から三百字で書きましょう。

そのとき、次の【注意】にしたがって、原稿用紙に書きましょう。

【注意】

◎　原稿用紙には、題や氏名は書かないで、本文だけを書きましょう。

◎　文章を見直すときには、次の（例）のように、付け加えたり、けずったり、書き直したりしてもかまいません。

（例）

朝の会で、（私が）司会をしているとき、友だちが~~やさしく~~
意見を~~書やす~~（出して）くれました。

原稿用紙

検査番号

※

（三枚目）

（配点非公表）

問一

100

200

300

問二

100

200

300

福岡県立育徳館中学校

作文

（時間　四十分）

（一枚目）

〈注意〉

一　問題用紙は表紙（この用紙）をふくめて二枚、原稿《げんこう》用紙は一枚あります。

二　問題用紙の枚数が不足していたり、やぶれていたり、また、印刷がはっきりしていない場合は、だまって手をあげなさい。

三　原稿用紙の右下にある［※　］には、何も書いてはいけません。

四　「やめなさい。」の合図で、すぐに筆記用具を置き、この表紙を上にして机の上に置きなさい。

五　問題用紙を持ち帰ることはできません。

福岡県立門司学園中学校

検査番号
氏　名

課題文

（二枚目）

次の文章を読んであとの問いに答えなさい。

同じ小学校に通う田中さんと山本さんは、とてもなかよしです。二人は今週当番でクラスで飼《か》っているうさぎの世話をまかされています。
ある日の放課後《ほうかご》、二人でそうじに行ったときのことです。山本さんが田中さんに、
「今日はそんなに汚《よご》れていないわね。」
と言いました。田中さんも、
「あら、本当ね。」
と言いました。すると、山本さんが、
「今日は私が一人でそうじをしておいてもいいわよ。」
と言い出しました。田中さんは、
「ありがとう。（　　　　　　）。」
と言いました。

問一　右の文章を読んで、あなたは山本さんがなぜ、「私が一人でそうじをしておいてもいいわよ。」と言ったと考えますか。これまでの体験を交え、三百字から四百字で書きましょう。

問二　右の文章中の空欄《くうらん》（　　　）について、あなたが田中さんだったらどう答えますか。左の《例文》にしたがって、原稿用紙の最初にその言葉を書きましょう。さらに、それに続けてそのように答える理由を百字から二百字で書きましょう。

《例文》私が田中さんだったら、「ありがとう。〇〇〇〇〇。」と答えます。

そのとき、次の【注意】にしたがって、原稿用紙に書きましょう。

【注意】
◎　原稿用紙には、題や氏名は書かないで、本文だけを書きましょう。
◎　文章を見直すときには、次の（例）のように、付け加えたり、けずったり、書き直したりしてもかまいません。

（例）

朝の会で、（私が）司会をしているとき、友だちが~~やさしく~~
意見を~~言って~~（出して）くれました。

福岡県立門司学園中学校

原稿用紙

（三枚目）

検査番号

※

（配点非公表）

問一

100　200　300　400

問二

100　200

福岡県立門司学園中学校

27．1

作文

（時間　四十分）

（一枚目）

〈注　意〉

一　問題用紙は表紙（この用紙）をふくめて二枚、原稿《げんこう》用紙は一枚あります。

二　問題用紙の枚数が不足していたり、やぶれていたり、また、印刷がはっきりしていない場合は、だまって手をあげなさい。

三　原稿用紙の右下にある［※］には、何も書いてはいけません。

四　「やめなさい。」の合図で、すぐに筆記用具を置き、この表紙を上にして机の上に置きなさい。

五　問題用紙を持ち帰ることはできません。

検査番号
氏　　名

福岡県立輝翔館中等教育学校

課題文

次の文章を読んで、あとの問いに答えなさい。

わたしが歩道橋をわたろうとしたときのことです。階段の上のほうから、おじいさんとおばあさんがふたりで降りて来られました。おばあさんはしっかりとした足取りですが、おじいさんは手すりにつかまりながら、一段一段ふみしめるように降りていらっしゃるのでした。わたしはふたりにかけよって、「だいじょうぶですか。お手伝いしましょうか。」と言いました。おじいさんは、ほほえみながら、「だいじょうぶだよ。ありがとう。」とおっしゃいました。おばあさんも、「ありがとう。けががなおって、少し歩けるようになったから、今日は階段ののぼり降りの練習をしてるのよ。」とおっしゃいました。そして、おじいさんの足取りに合わせて気づかうように、降りて行かれました。わたしは、ふたりが最後の一段を降りられるまで見守りました。するとふたりはふり返り、わたしにおじぎをされました。

家に帰り、歩道橋でのことを母に話しました。母は、「思いやりのある行動ができたね。」とほめてくれました。

【問一】　右のできごとから、「思いやりのある行動」をとるときに何が大事だと考えますか。また、そう考えるのはなぜですか。あなたの体験をあげ、二百字から三百字で書きましょう。

【問二】　次の①または②について、例をあげて二百字から三百字で書きましょう。
①あなたが「思いやりのある行動」として、日ごろ行っていることとその理由
②あなたが「思いやりのある行動」として、これから行いたいこととその理由

そのとき、次の【注意】にしたがって、原稿用紙に書きましょう。

【注意】
◎　原稿用紙には、題や氏名や番号は書かないで、本文だけを書きましょう。
◎　文章を見直すときには、次の（例）のように、付け加えたり、けずったり、書き直したりしてもかまいません。

（例）

朝の会で、私が司会をしているとき、友だちが~~やさしく~~
意見を~~書いて~~出してくれました。

原稿用紙

検査番号

※

（配点非公表）

問一

100

200

300

問二

100

200

300

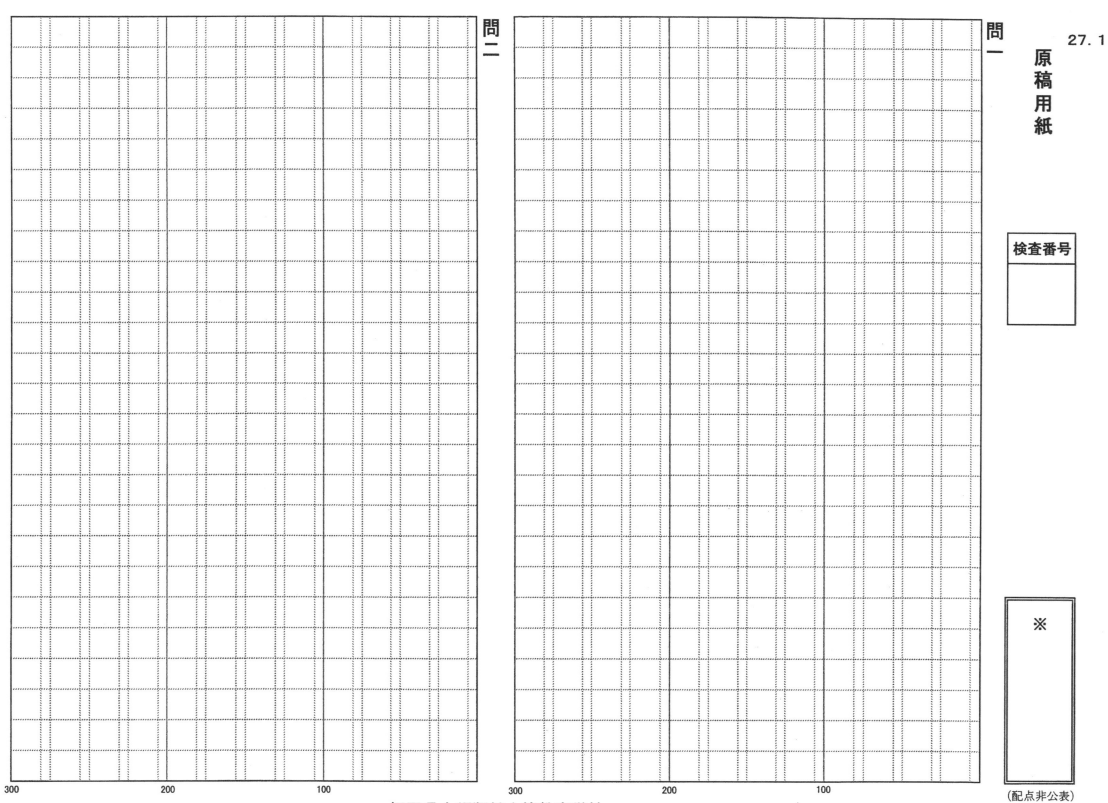

作文

（時間　四十分）

（一枚目）

〈注　意〉

一　問題用紙は表紙（この用紙）をふくめて二枚、原稿《げんこう》用紙は一枚あります。

二　問題用紙の枚数が不足していたり、やぶれていたり、また、印刷がはっきりしていない場合は、だまって手をあげなさい。

三　原稿用紙の右下にある ※ には、何も書いてはいけません。

四　「やめなさい。」の合図で、すぐに筆記用具を置き、この表紙を上にして机の上に置きなさい。

五　問題用紙を持ち帰ることはできません。

福岡県立宗像中学校

検査番号
氏　　名

課題文

（二枚目）

次の文章は、宇宙飛行士の若田光一さんが、日本の若い人たちにあてたメッセージ文です。よく読んで、あとの問いに答えなさい。

ぼくたちの美しいふるさとである日本は、地球上のさまざまな国や地球とのつながりなしでは生きていけません。世界に広く目を向け、世界の人々と協力しながら、未知の世界を探り、ひとつひとつ問題を解決していくことは、ひとりひとりの暮らしを向上させ、豊かにしてくれます。

二十一世紀は、世界の人々が力を合わせてかけがえのない地球の環《かん》境《きょう》を守りながら、共に活動する場を拡《ひろ》げていく地球人の世紀になるでしょう。そうした取り組みを通して、新しい文化や価値観が生まれてくるのです。

そこで、私は皆さんに、「夢」、※「探《たん》究《きゅう》心」、「思いやり」の三つの言葉をおくります。

「夢」、自分の興味のあること、全力で取り組めるものを見つけてください。夢からはっきりした目標を定めることにより、それを達成するための道すじはおのずと明らかになります。そして、あきらめずに努力すれば、必ず実現できると思います。

「探究心」をもっていろいろなことにチャレンジし、日々出くわす疑問をひとつひとつ解決しようと努めることは、今まで知らなかったことを学んだり発見したりすることの楽しさを教えてくれます。

そして、「思いやり」をもって接し、支えあったり、はげましあったりできる心の友をつくってください。

※　探究心……ものごとの真の姿をさぐり、明らかにしようとする心。

（若田光一・岡田茂《しげる》『宇宙が君を待っている』―宇宙時代を生きる地球人の君へ―〈汐《ちょう》文《ぶん》社　刊〉によるものです。ただし、一部変えています。）

問一　右の文書中に「日々出くわす疑問をひとつひとつ解決しようと努めること」とありますが、あなた自身のこのような体験と、その体験を生かしてこれからあなたが取り組んでいきたいことについて、具体例をあげて三百字から四百字で書きましょう。

問二　これからの地球人である私たちに、若田さんは「そこで」と言って三つの言葉をおくっています。「夢」をもち、「探究心」を忘れずに問題を解決していくときに、なぜ若田さんは、三番目に「思いやり」を入れたのでしょう。あなたの考えを百五十字から二百字で書きましょう。

そのとき、次の【注意】にしたがって、原稿用紙に書きましょう。

【注意】

◎　原稿用紙には、題や氏名は書かないで、本文だけを書きましょう。

◎　文章を見直すときには、次の（例）のように、付け加えたり、けずったり、書き直したりしてもかまいません。

（例）

朝の会で、私が司会をしているとき、友だちが~~やさしく~~
意見を~~書って~~出してくれました。

福岡県立宗像中学校

原稿用紙

検査番号

※

（配点非公表）

問一

400　300　200　100

問二

200　100

福岡県立宗像中学校

作文

（時間　四十分）

（一枚目）

〈注意〉

一　問題用紙は表紙（この用紙）をふくめて二枚、原稿《げんこう》用紙は一枚あります。

二　問題用紙の枚数が不足していたり、やぶれていたり、また、印刷がはっきりしていない場合は、だまって手をあげなさい。

三　原稿用紙の右下にある［※］には、何も書いてはいけません。

四　「やめなさい。」の合図で、すぐに筆記用具を置き、この表紙を上にして机の上に置きなさい。

五　問題用紙を持ち帰ることはできません。

福岡県立嘉穂高等学校附属中学校

検査番号
氏　名

課題文

次の文章を読んで、あとの問いに答えなさい。

二〇一四年にブラジルで開かれたサッカーのワールドカップのことをみなさんはまだ覚えているでしょうか。日本チームは残念ながら予選で負けましたが、日本チームのサポーターが試合後に会場でゴミ拾いをしたことが大きな話題になり、海外から多くの※賞賛《しょうさん》の声があがりました。聞くところによると、日本人サポーターのゴミ拾いの取組は、一九九八年のフランス大会から始まったということです。私はこのことがとてもうれしく、ほこらしい気持ちになりました。

しかし、ごく一部ですが次のような意見もありました。それは「会場をそうじする人々の仕事をうばっているのではないか」というような意見です。私はそのような見方をする人もいるのだなと思いました。

日本ではよく「来た時よりも美しく」という言葉が使われ、外ではゴミを出さないように、またゴミはきちんとゴミ箱へ捨てるか持ち帰るようにするのが一般的です。しかし、世界にはいろいろな見方や考え方があり、行動のしかたもさまざまであることがわかりました。

※賞賛・・・大いにほめること

問一　なぜ海外から多くの賞賛の声があがったのでしょうか。あなたの意見を百字から二百字で書きましょう。

問二　この文章を読んで、これからの学校生活でお互いが気持ちよく生活するためには、あなたはどのようなことに気をつけるべきだと思いますか。具体的な体験をあげて、三百字から四百字で書きましょう。

そのとき、次の【注意】にしたがって、原稿用紙に書きましょう。

【注意】

◎　原稿用紙には、題や氏名は書かないで、本文だけを書きましょう。

◎　文章を見直すときには、次の（例）のように、付け加えたり、けずったり、書き直したりしてもかまいません。

（例）

私が
朝の会で、司会をしているとき、友だちが~~やさしく~~
出して
意見を~~言って~~くれました。

27. 1

原稿用紙

検査番号

※

(配点非公表)

問一

100

200

問二

100

200

300

400

福岡県立嘉穂高等学校附属中学校

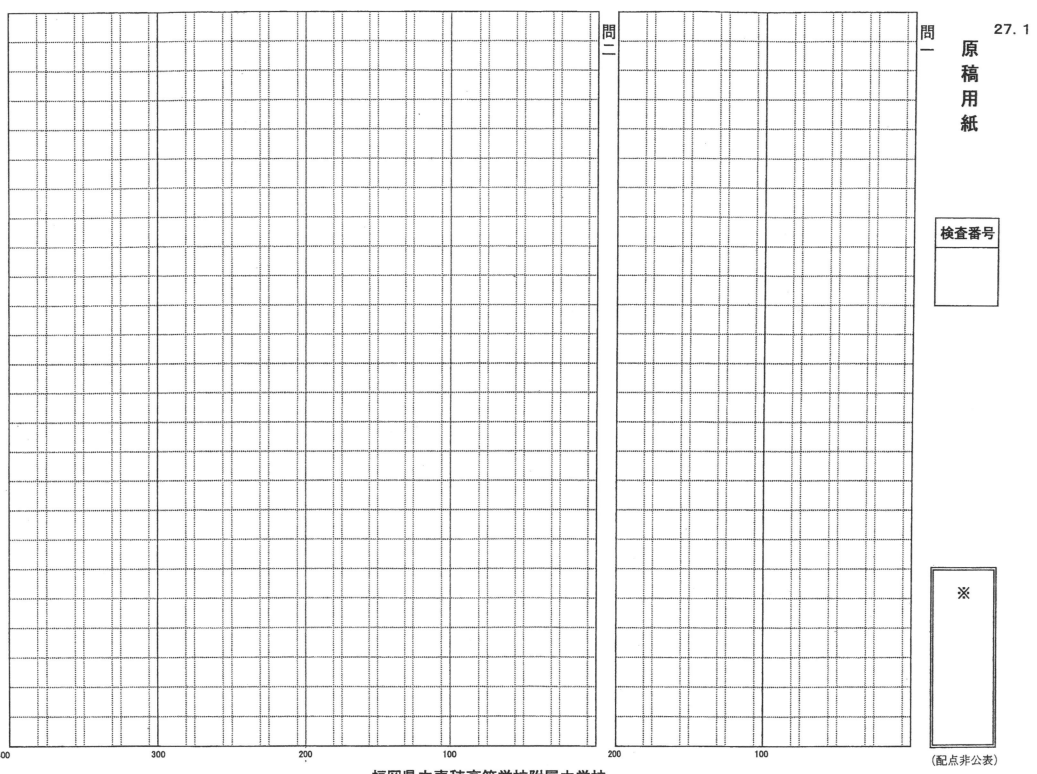